Dinge zählen

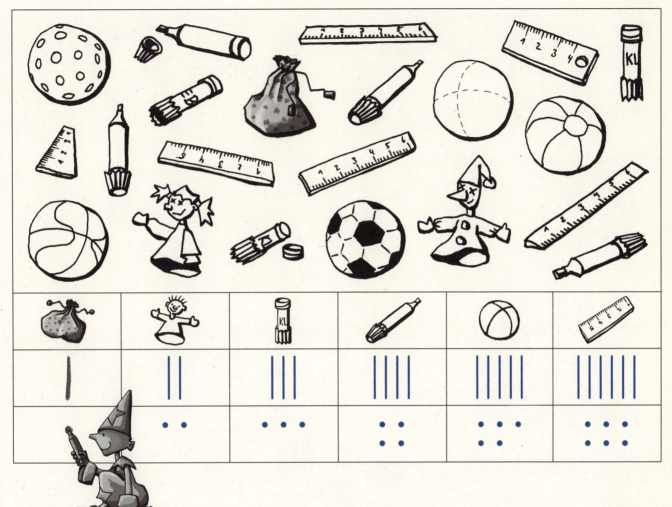

Zahlen von 1 bis 6 *Anzahlen bestimmen*

Zahlen zuordnen

6 Zahlen von 1 bis 6 *Anzahlen bestimmen*

Würfelbilder Zahlen zuordnen

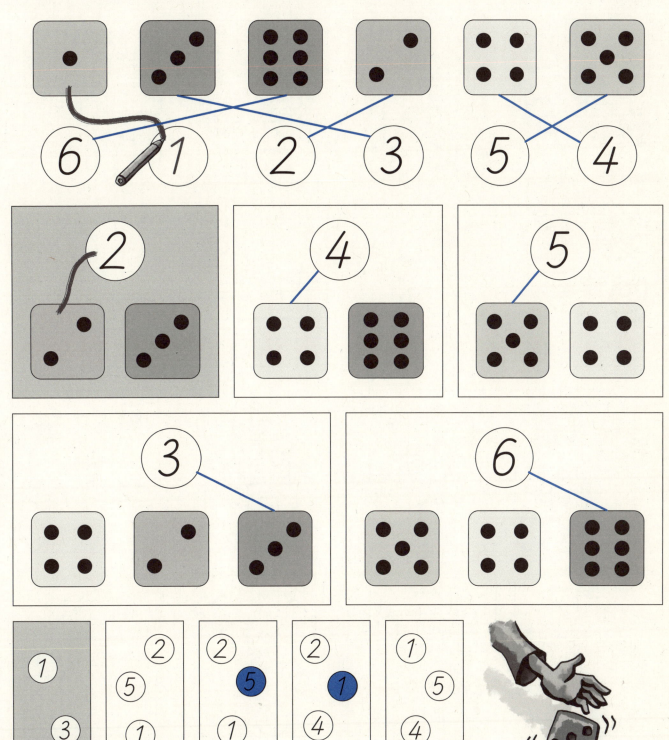

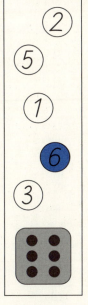 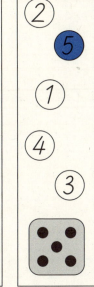   

Zahlen von 1 bis 6 *Anzahlen bestimmen*

Passende Zahl auswählen

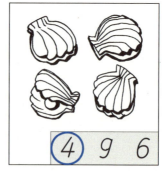
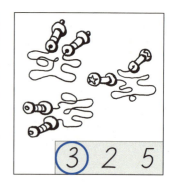

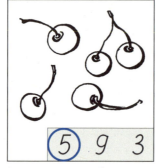
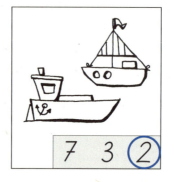

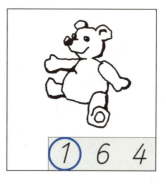
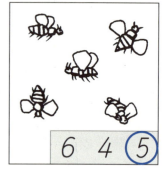

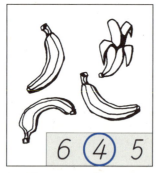

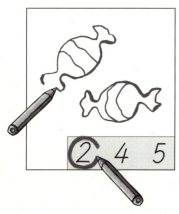
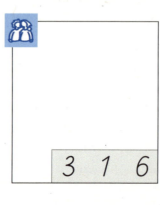

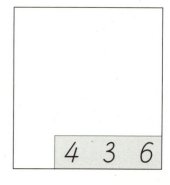

8   Zahlen von 1 bis 6   *Anzahlen bestimmen*

Passende Anzahl ausmalen

 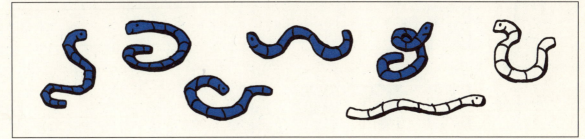

Zahlen von 1 bis 6 *Anzahlen bestimmen*

Passende Anzahl ausmalen und selbst malen

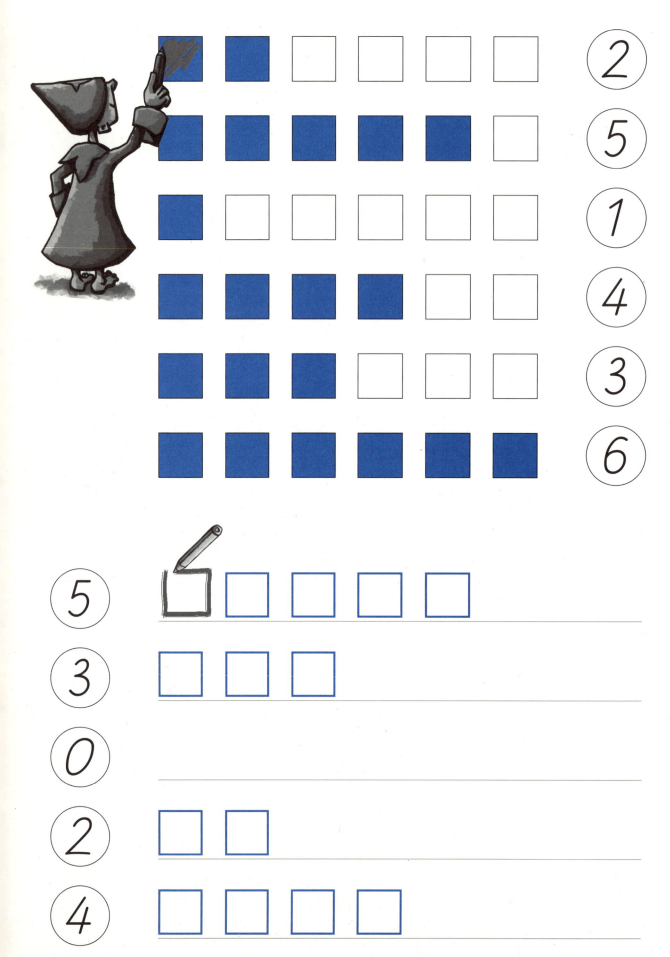

10 Zahlen von 1 bis 6 *Anzahlen bestimmen*

Zeichnungen ergänzen

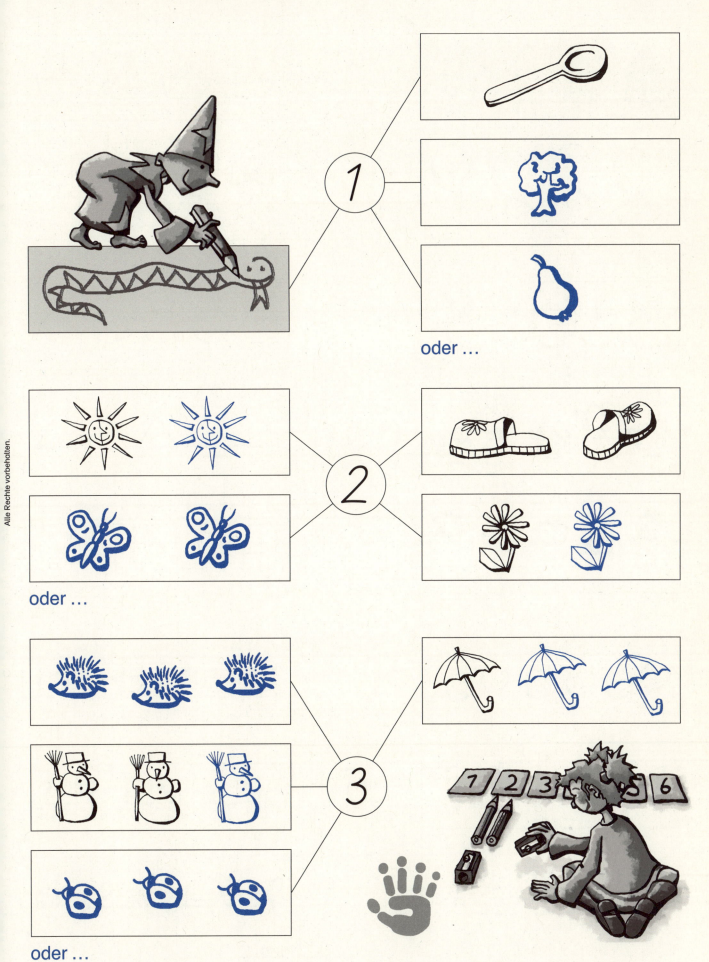

Zahlen von 1 bis 6 *Anzahlen bestimmen*

Zeichnungen ergänzen

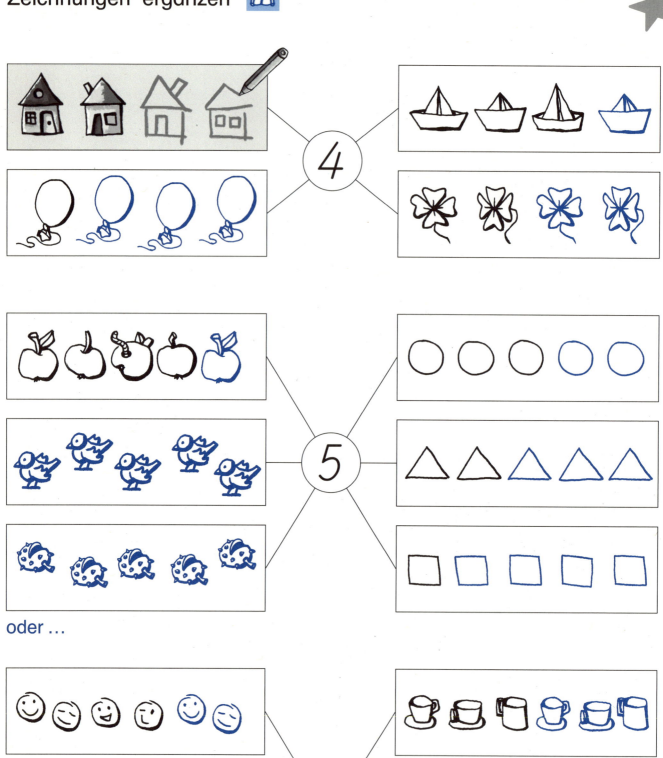

oder …

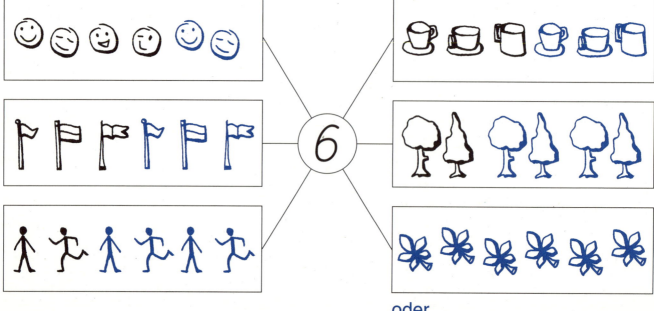

oder …

12 Zahlen von 1 bis 6 *Anzahlen bestimmen*

Mengenbilder malen

③ oder ... ⑤ oder ... ②

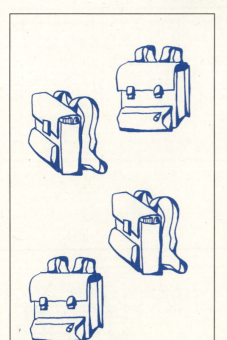  

oder ... ④ oder ... ⑥ oder ... ①

Zahlen von 1 bis 6 *Anzahlen bestimmen* 13

Anzahl einkreisen

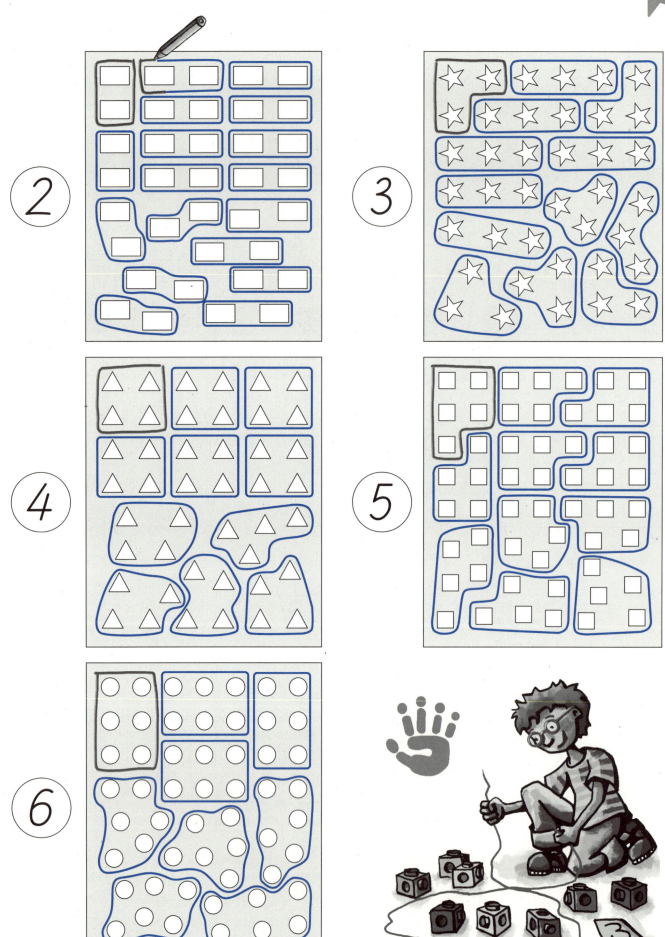

14 Zahlen von 1 bis 6 *Anzahlen bestimmen*

Überzählige Punkte durchstreichen

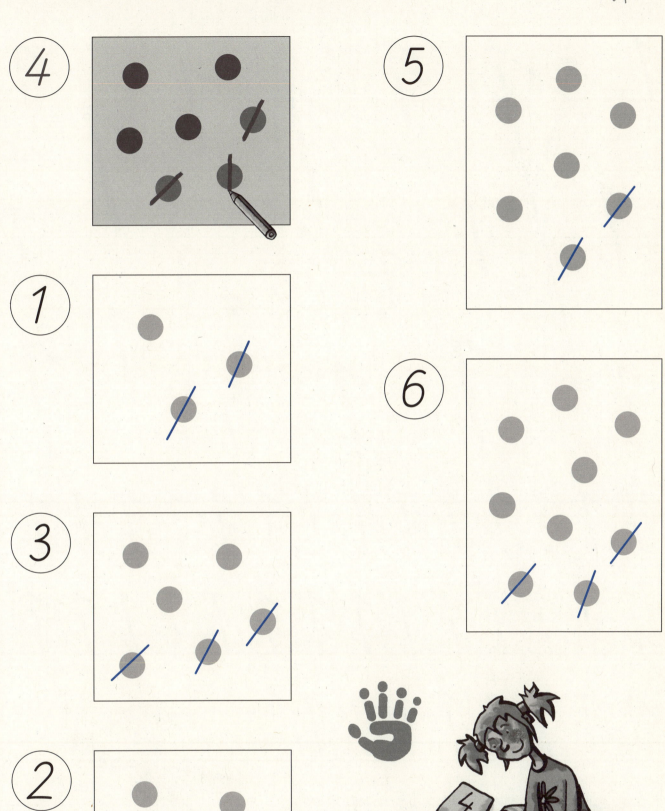

Zahlen von 1 bis 6 *Anzahlen bestimmen*

Schreibübung 1

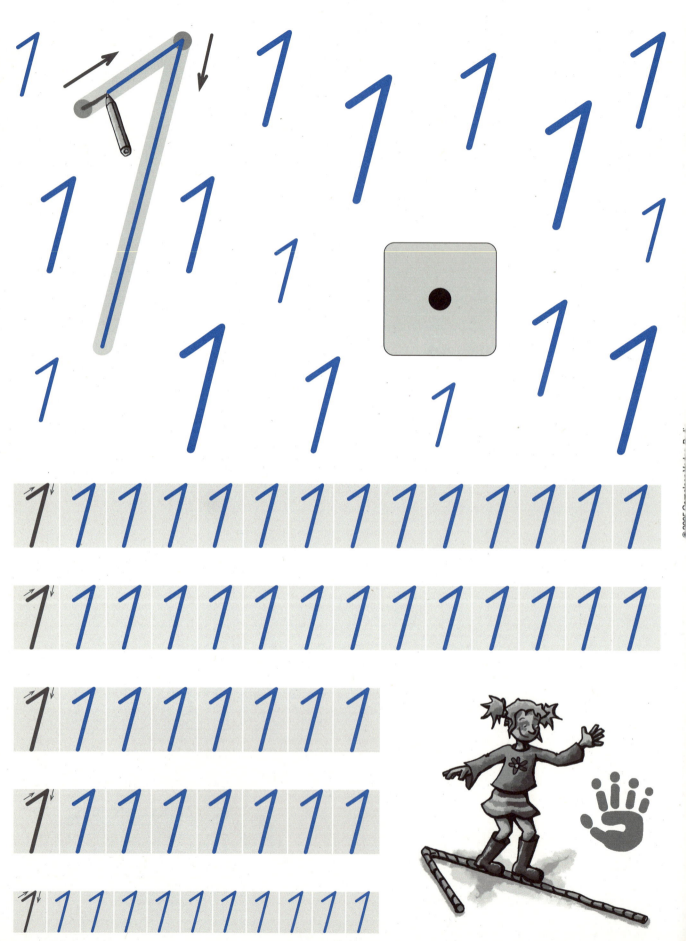

16 Zahlen von 1 bis 6 *Zahlen schreiben*

Schreibübung 2

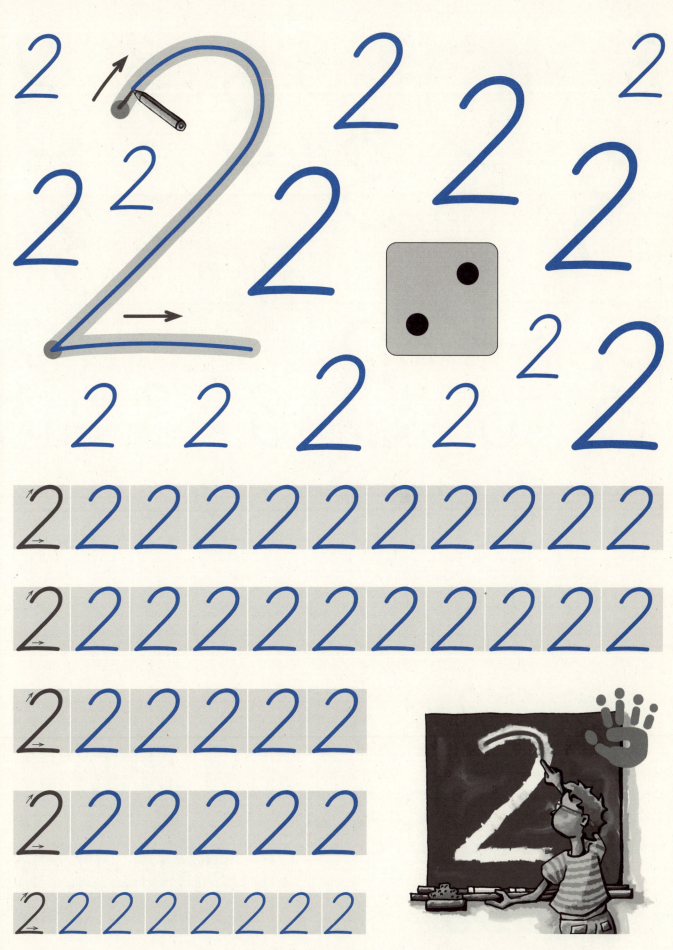

Zahlen von 1 bis 6 *Zahlen schreiben*

Schreibübung 3

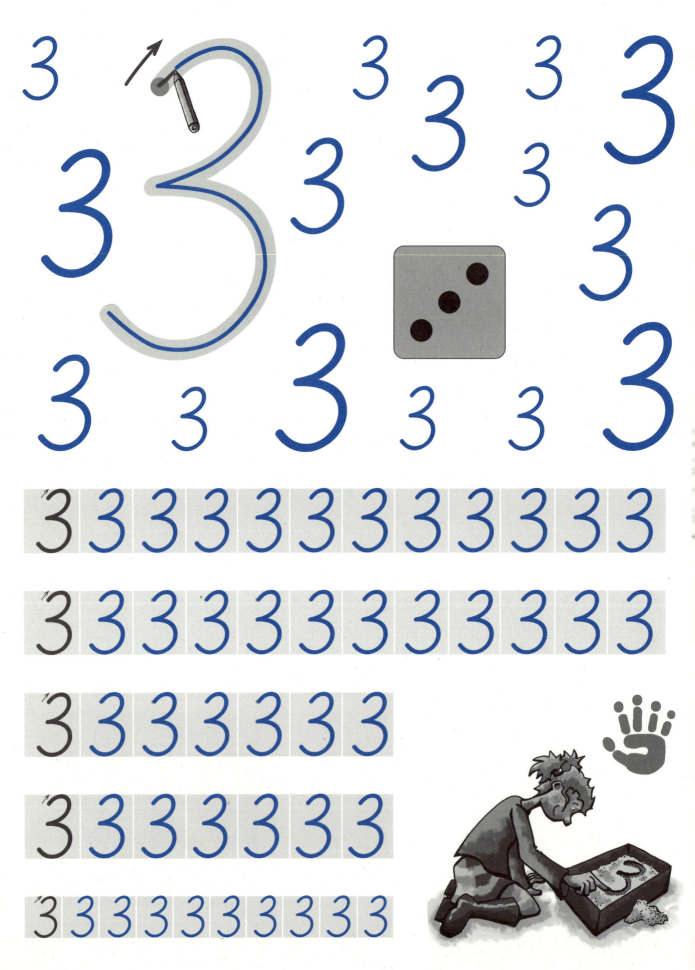

18 Zahlen von 1 bis 6 *Zahlen schreiben*

Schreibübung 4

Zahlen von 1 bis 6 *Zahlen schreiben* 19

Schreibübung 5

20 Zahlen von 1 bis 6 *Zahlen schreiben*

Schreibübung 6

Zahlen von 1 bis 6 *Zahlen schreiben* 21

Zahlen eintragen

 4
 3
 5
 1
 6
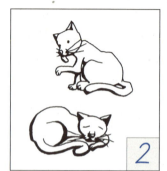 2
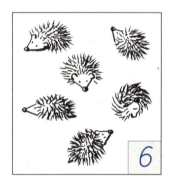 6
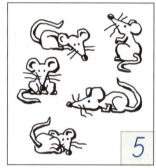 5
 4
 1
 2
 3

 4

Zahlen von 1 bis 6 *Zahlen schreiben*

Zahlen zu Würfelbildern schreiben

Zahlen von 1 bis 6 *Zahlen schreiben*

Zahlen zu Punktebildern schreiben

Richtige Reihenfolge finden und anmalen

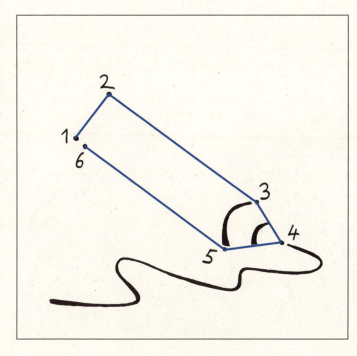

Zahlen von 1 bis 6 *Zahlreihen*

Fehlende Zahlen einsetzen

| 1 | 2 | 3 | 4 | 5 | 6 | 7 | 8 | 9 |

| 2 | 3 | 4 | 5 |

| 1 | 2 | 3 | 4 |

| 4 | 5 | 6 | 7 |

| 2 | 3 | 4 | 5 | 6 |

| 1 | 2 | 3 | 4 |

| 4 | 5 | 6 |

| 2 | 3 | 4 | 5 | 6 | 7 | 8 |

| 1 | 2 | 3 | 4 | 5 | 6 | 7 | 8 | 9 |

| 3 | 4 | 5 | 6 | 7 |

26 Zahlen von 1 bis 6 *Zahlreihen*

Nachbarzahlen finden

3 4 5				4 5 6		1 2 3	
1 2 3				3 4 5		4 5 6	
2 3 4				2 3 4		4 5 6	
4 5 6		1 2 3		3 4 5		4 5 6	
4 5 6		4 5 6		2 3 4		4 5 6	
2 3 4		3 4 5		3 4 5		4 5 6	
1 2 3		3 4 5		4 5 6		2 3 4	
2 3 4		2 3 4		1 2 3		1 2 3	
3 4 5		2 3 4		2 3 4		4 5 6	
2 3 4		▢▢▢		▢▢▢		▢▢▢	
▢▢▢		▢▢▢		▢▢▢		▢▢▢	
▢▢▢		▢▢▢		▢▢▢		▢▢▢	

Zahlen von 1 bis 6 *Zahlreihen*

Reihenfolge aufschreiben

28 Zahlen von 1 bis 6 *Ordnungszahlen*

Reihenfolge erkennen

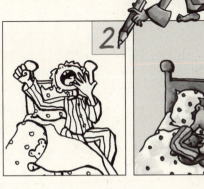

Zahlen von 1 bis 6 *Ordnungszahlen*

Anzahlen vergleichen

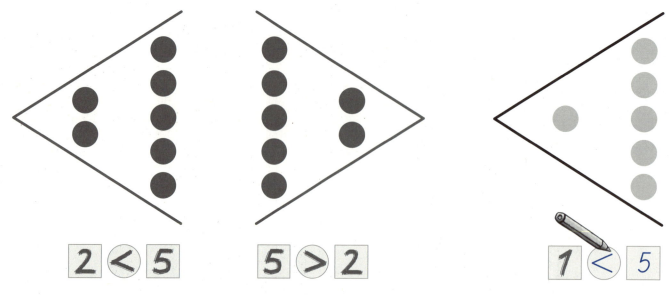

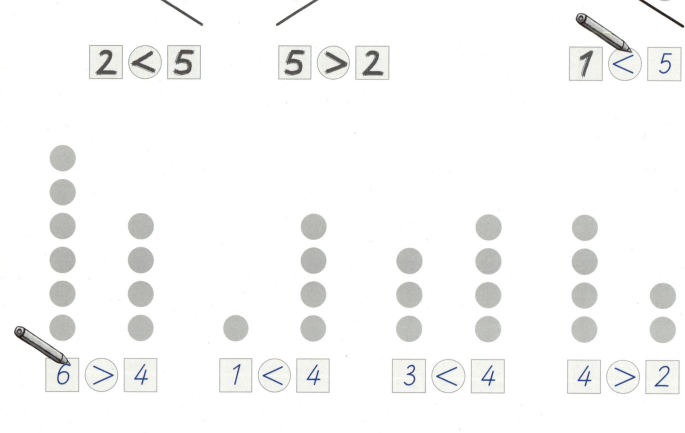

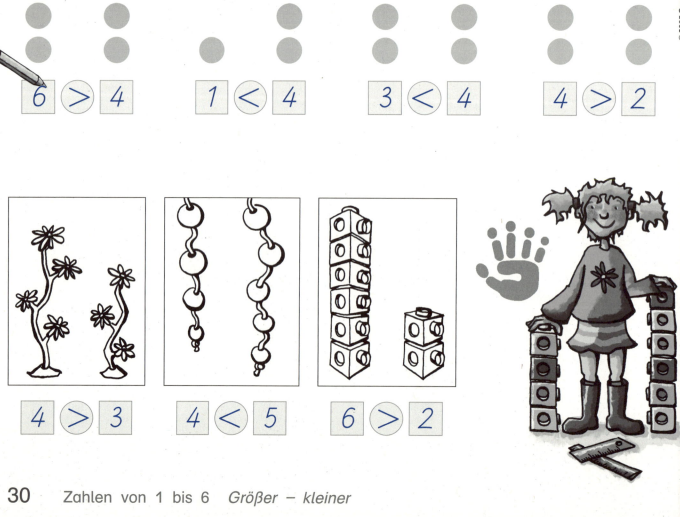

30   Zahlen von 1 bis 6   *Größer – kleiner*

Anzahlen malen und vergleichen

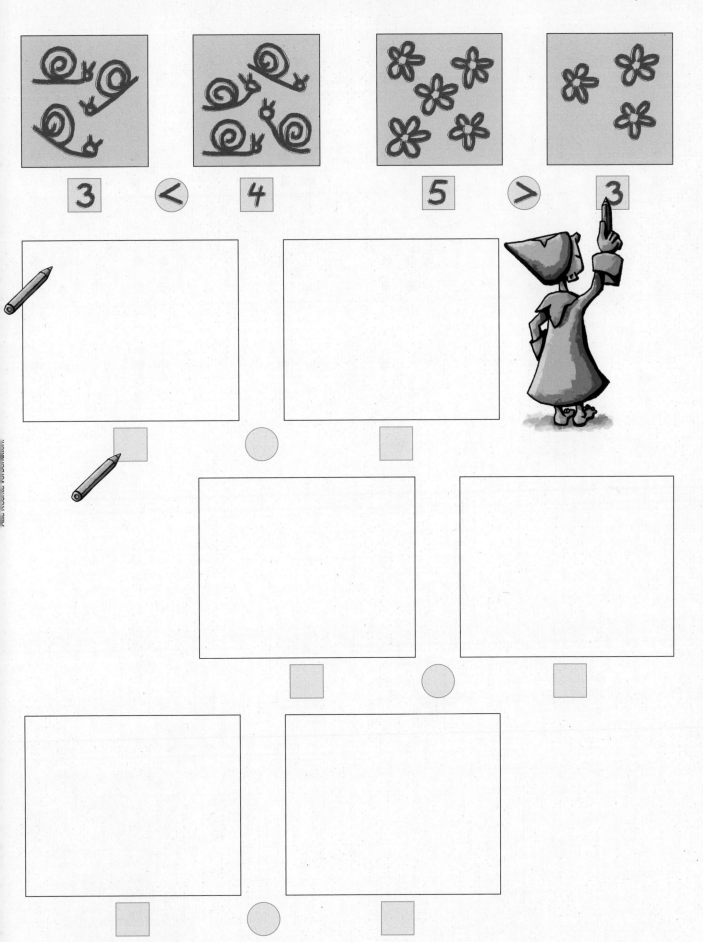

Zahlen von 1 bis 6 *Größer – kleiner* 31

Würfelbilder und Zahlen vergleichen

 $6 > 3$ $1 < 4$

$3 < 5$ $4 > 1$ $2 < 6$

$2 < 4$ $6 > 5$ $3 > 2$

$5 > 3$

$4 < 6$

$2 < 3$

Zahlen von 1 bis 6 *Größer – kleiner*

Passende Zahlen eintragen

1 < 3	2 < 5	1 < 2
4 < 5	3 < 6	3 < 4
3 > 2	6 > 4	6 > 1
2 > 1	5 > 1	3 > 4
1 < 6	3 < 5	6 > 3
3 > 6	4 < 6	2 < 6
6 > 5	2 < 3	3 > 5
4 < 6	1 < 4	5 < 6
2 < 4	5 > 3	4 > 1

oder … oder … oder …

☐ < ☐

☐ > ☐

☐ ○ ☐

Zahlen von 1 bis 6 *Größer – kleiner*

Zeichen und Zahlen eintragen

5 < 6   6 > 1   4 < 6

2 < 4   2 < 5   1 < 5

1 < 5   3 < 4   5 > 3

6 > 3   2 < 3   4 > 1

Zahlen von 1 bis 6   *Größer – kleiner*

Formen erkennen und ausmalen

Formen – Muster – Reihen

Formen erkennen, ausmalen und zählen

36 Formen – Muster – Reihen

Formen erkennen und Figuren auslegen

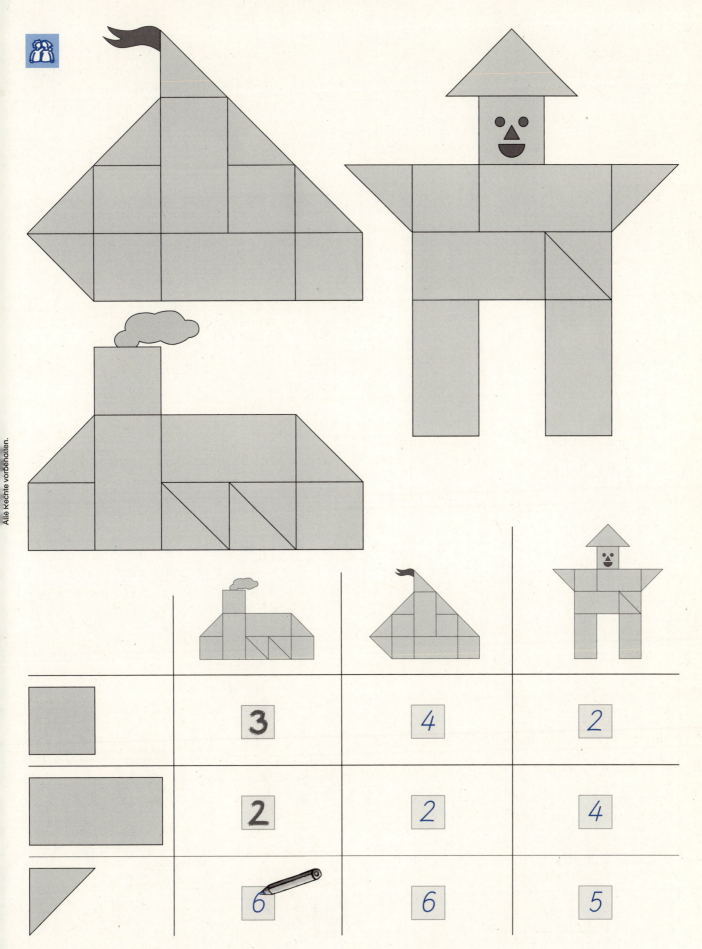

Formen – Muster – Reihen

Formen nachlegen

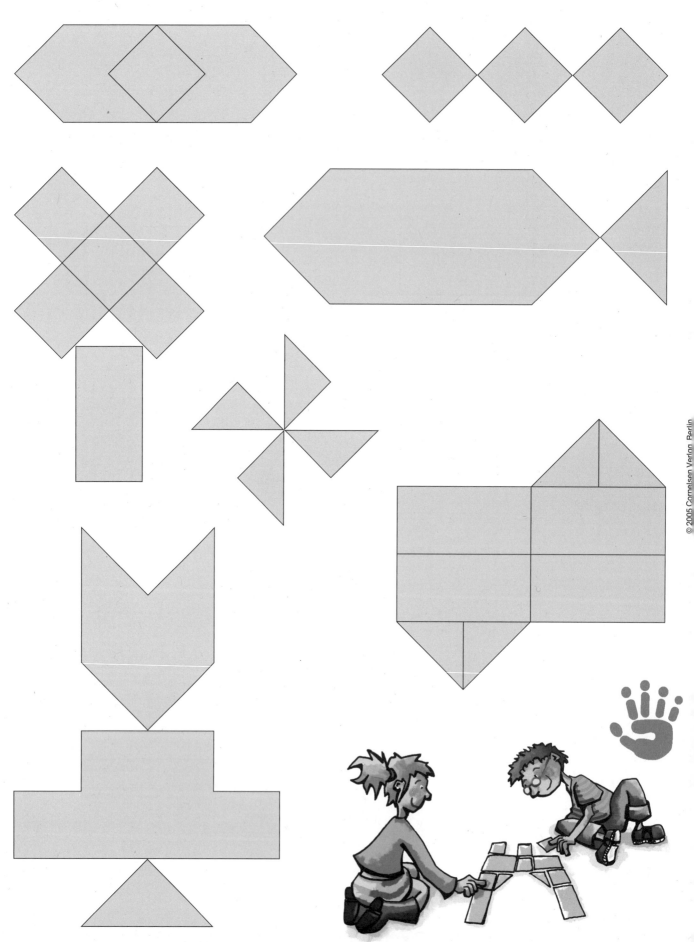

Formen und Reihen verändern, legen und zeichnen

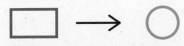
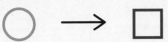
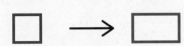

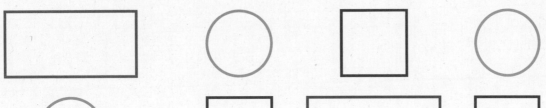

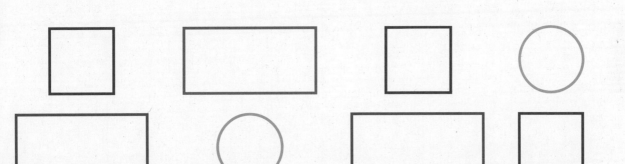

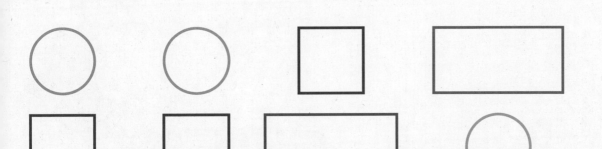

Formen – Muster – Reihen

Reihen fortsetzen und gestalten

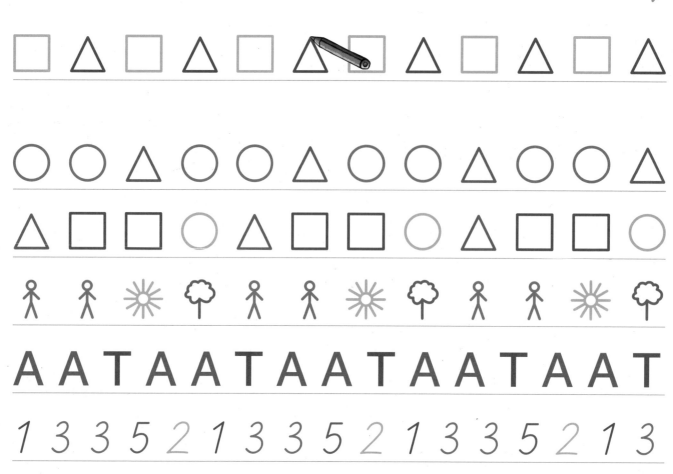

Formen – Muster – Reihen

Muster fortsetzen und gestalten

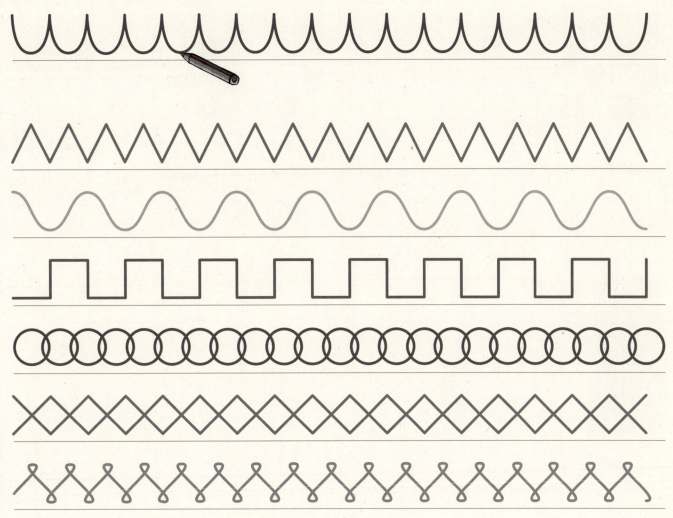

Formen – Muster – Reihen 41

Muster fortsetzen und gestalten

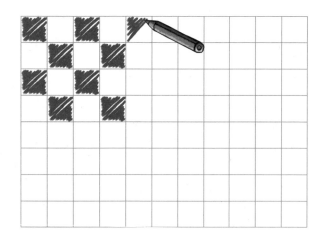 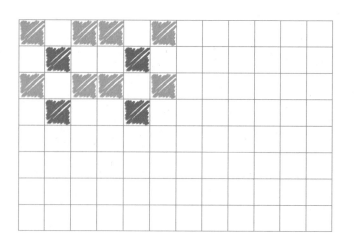

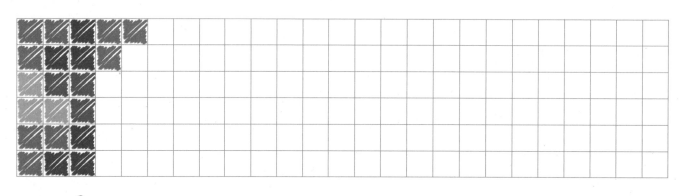

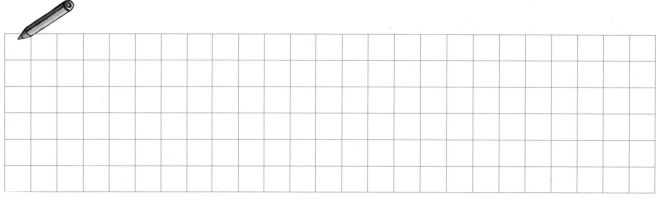

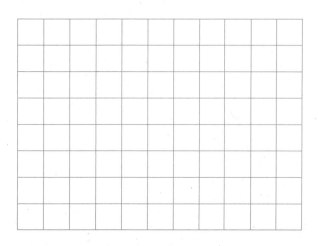 

Formen – Muster – Reihen

vor – hinter, auf – über – unter

hinter
vor

über
auf
unter

Lagebeziehungen 43

rechts – links – oben – unten (Wege einzeichnen)

Hase: → → ↑ ← ↑ ↑ → → ↑ ← ← ← ↑ → → ↑ → ↑ ↑ ← ← ↑

Hund: ↑ ← ↑ ↑ ↑ → → → ↑ → → → ↓ → → → → ↑ ↑ ← ← ↑ ↑ → ↑

Eichhörnchen: ↑ ← ← ↑ ↑ ← ← ↑ ↑ ← ← ↑ ↑ → ← ↑ ↑

Maus: ↑ ← ← ↑ ↑ ↑ ↑ ↑ ← ← ← ← ← ↑ → ↑ → → ↑

44 Lagebeziehungen

Es kommt immer etwas dazu

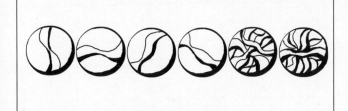

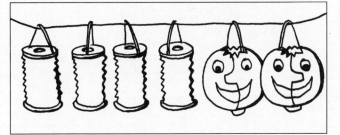

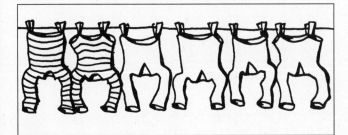

Plusaufgaben   *Plusaufgaben kennen lernen*

Rechengeschichten in Kurzform aufschreiben

4 + 2 = 6

4 plus 2 gleich 6

3 + 2 = 5

3 plus 2 gleich 5

2 + 3 = 5

2 plus 3 gleich 5

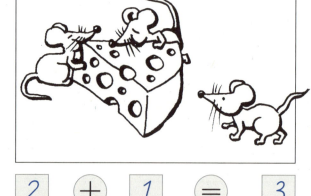

2 + 1 = 3

2 plus 1 gleich 3

2 + 2 = 4

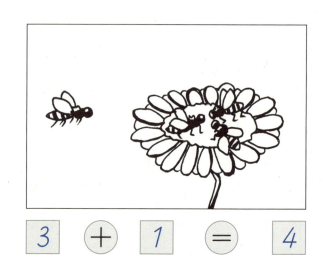

3 + 1 = 4

Plusaufgaben *Plusaufgaben kennen lernen*

Was passiert? Was ist passiert?

3 + 1 = 4

4 + 2 = 6

2 + 2 = 4

3 + 2 = 5

3 + 1 = 4

2 + 4 = 6

Plusaufgaben *Plusaufgaben kennen lernen* 7

Plusaufgaben malen, stempeln, kleben

2 + 3 = 5

1 + 2 + 3 = 6

8   Plusaufgaben   *Plusaufgaben gestalten*

Türme bauen – Immer 5

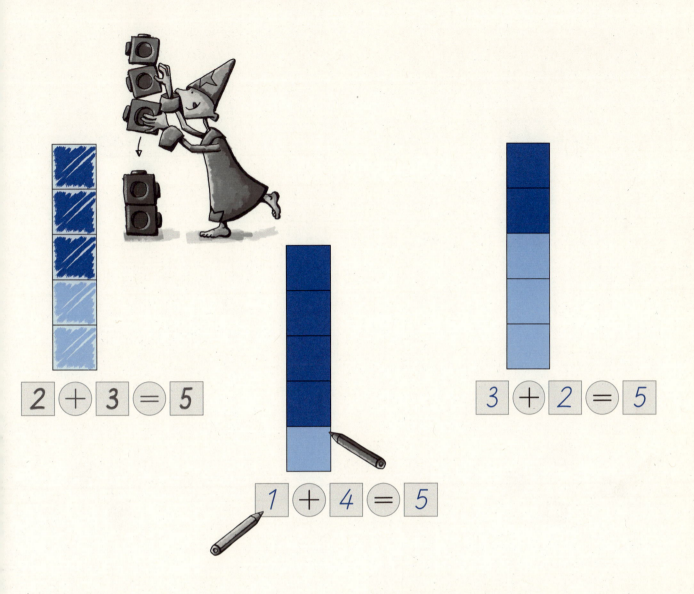

2 + 3 = 5

1 + 4 = 5

3 + 2 = 5

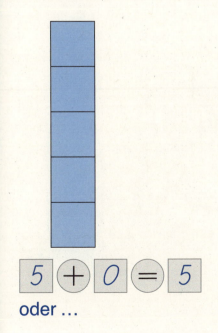

5 + 0 = 5

oder …

Plusaufgaben *Plusaufgaben gestalten*

Kreise malen – Immer 6

2 + 4 = 6

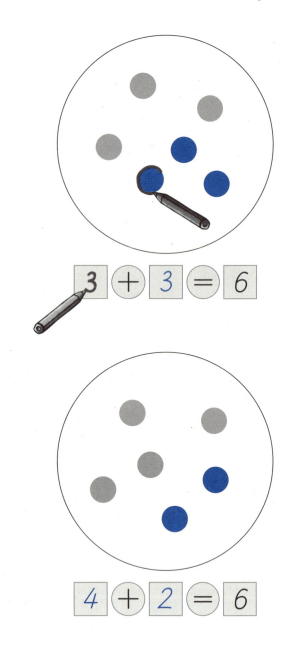

3 + 3 = 6

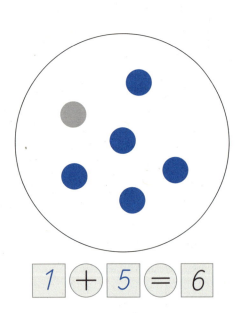

1 + 5 = 6

4 + 2 = 6

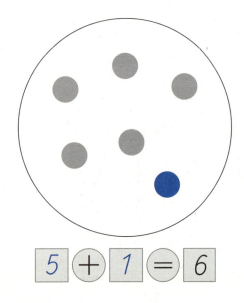

5 + 1 = 6

10 Plusaufgaben *Plusaufgaben gestalten*

Würfelbilder zeichnen

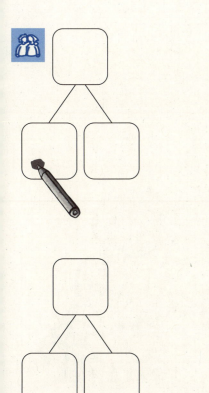
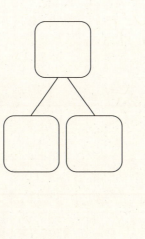
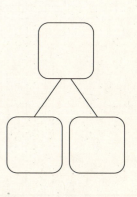
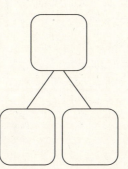
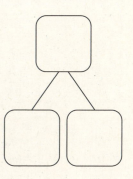

Plusaufgaben *Plusaufgaben gestalten* 11

Ausmalen

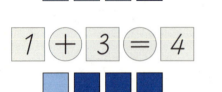 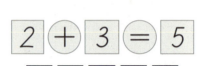 

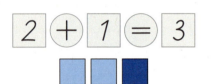 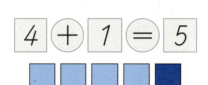 

12 Plusaufgaben *Plusaufgaben gestalten*

Zeichnen

2 + 3 = 5	1 + 2 = 3	3 + 3 = 6
2 + 2 = 4	4 + 1 = 5	1 + 3 = 4
3 + 2 = 5	1 + 5 = 6	2 + 1 = 3
2 + 4 = 6	3 + 1 = 4	4 + 2 = 6
3 + 1 = 4		3 + 2 = 5
1 + 3 = 4		2 + 3 = 5
4 + 2 = 6	1 + 2 = 3	1 + 5 = 6
2 + 4 = 6	2 + 1 = 3	5 + 1 = 6

Plusaufgaben *Plusaufgaben gestalten*

Mit Fingern rechnen

1 + 2 = 3

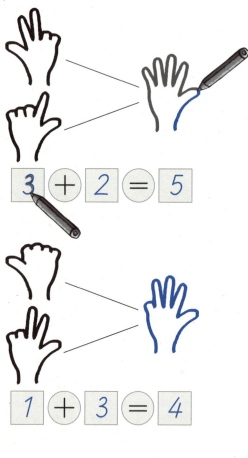

3 + 2 = 5

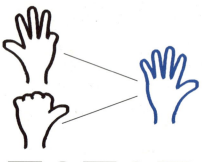

4 + 1 = 5

1 + 3 = 4

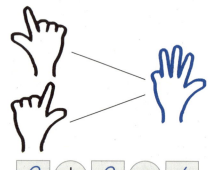

2 + 2 = 4

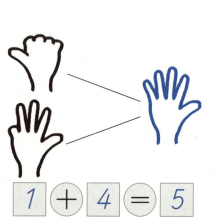

1 + 4 = 5

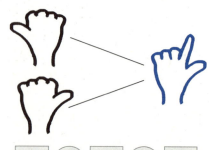

1 + 1 = 2

14 Plusaufgaben *Plusaufgaben erkennen*

Geld zählen

2 € + 1 € + 2 € = 5 €

2 € + 1 € + 1 € + 1 € = 5 €

2 € + 2 € + 1 € + 1 € = 6 €

2 € + 1 € + 1 € = 4 €

5 € + 1 € = 6 €

Das sind 6 Euro.

Plusaufgaben *Plusaufgaben erkennen*

Rechenaufgaben aufschreiben

 2 + 4 = 6		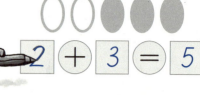 2 + 3 = 5
 4 + 1 = 5	 2 + 2 = 4	 3 + 3 = 6
 2 + 1 = 3	 4 + 1 = 5	 1 + 3 = 4
 2 + 3 = 5	 1 + 4 = 5	 4 + 2 = 6
 1 + 4 = 5	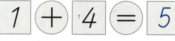 3 + 2 = 5	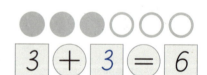 3 + 3 = 6
 4 + 1 = 5	 3 + 2 = 5	 1 + 4 = 5
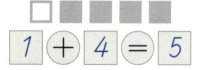 1 + 4 = 5	2 + 3 = 5	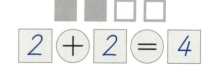 2 + 2 = 4
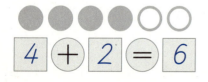 4 + 2 = 6	4 + 1 = 5	1 + 2 = 3

16   Plusaufgaben   *Plusaufgaben erkennen*

Tauschaufgaben erkennen

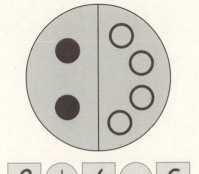

2 + 4 = 6
4 + 2 = 6

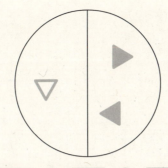

1 + 2 = 3
2 + 1 = 3

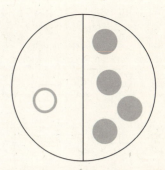

1 + 4 = 5
4 + 1 = 5

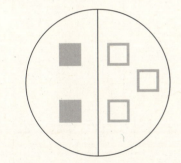

2 + 3 = 5
3 + 2 = 5

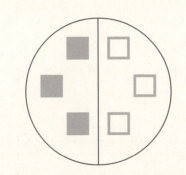

3 + 3 = 6
3 + 3 = 6

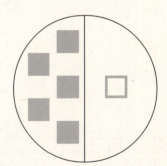

5 + 1 = 6
1 + 5 = 6

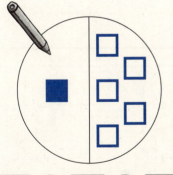

1 + 5 = 6
5 + 1 = 6

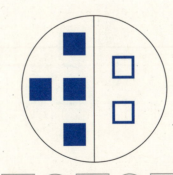

4 + 2 = 6
2 + 4 = 6

Plusaufgaben *Plusaufgaben erkennen*

Ergebnis berechnen

3 + 1 = 4	4 + 1 = 5	2 + 3 = 5
3 + 2 = 5	5 + 1 = 6	2 + 4 = 6
3 + 3 = 6	2 + 2 = 4	1 + 1 = 2
1 + 2 = 3	1 + 1 = 2	3 + 3 = 6
2 + 2 = 4	1 + 2 = 3	2 + 4 = 6
3 + 2 = 5	1 + 3 = 4	1 + 5 = 6
4 + 1 = 5	5 + 1 = 6	1 + 3 = 4
3 + 1 = 4	4 + 2 = 6	2 + 2 = 4
2 + 3 = 5	3 + 3 = 6	3 + 1 = 4
2 + 1 = 3		
2 + 2 = 4		
2 + 3 = 5		
1 + 3 = 4		
1 + 4 = 5		
1 + 5 = 6		

Plusaufgaben *Plusaufgaben lösen*

Berechnen und Aufgaben finden

2 + 1 = 3	5 + 1 = 6	2 + 4 = 6
4 + 2 = 6	3 + 3 = 6	3 + 2 = 5
3 + 1 = 4	2 + 3 = 5	1 + 2 = 3
2 + 2 = 4	4 + 1 = 5	1 + 3 = 4
1 + 4 = 5	1 + 5 = 6	2 + 3 = 5

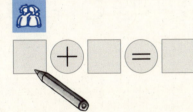

1 + 3 = 4	2 + 1 = 3
oder ...	oder ...
5 + 0 = 5	4 + 2 = 6
oder ...	oder ...

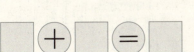

Plusaufgaben *Plusaufgaben lösen*

Plusaufgaben mit drei Zahlen berechnen

2 + 1 + 3 = 6
OO + O + OOO

1 + 1 + 2 = 4
O + O + OO

1 + 3 + 2 = 6
O + OOO + OO

2 + 2 + 2 = 6
OO + OO + OO

2 + 1 + 2 = 5
OO + O + OO

2 + 1 + 1 = 4
OO + O + O

4 + 1 + 1 = 6
OOOO + O + O

3 + 2 + 1 = 6
OOO + OO + O

1 + 1 + 3 = 5
O + O + OOO

2 + 3 + 1 = 6
OO + OOO + O

1 + 3 + 1 = 5
O + OOO + O

1 + 2 + 3 = 6
O + OO + OOO

Rechnen und ausmalen

2

4 grün   3 gelb   5 blau   2 rot   6 braun

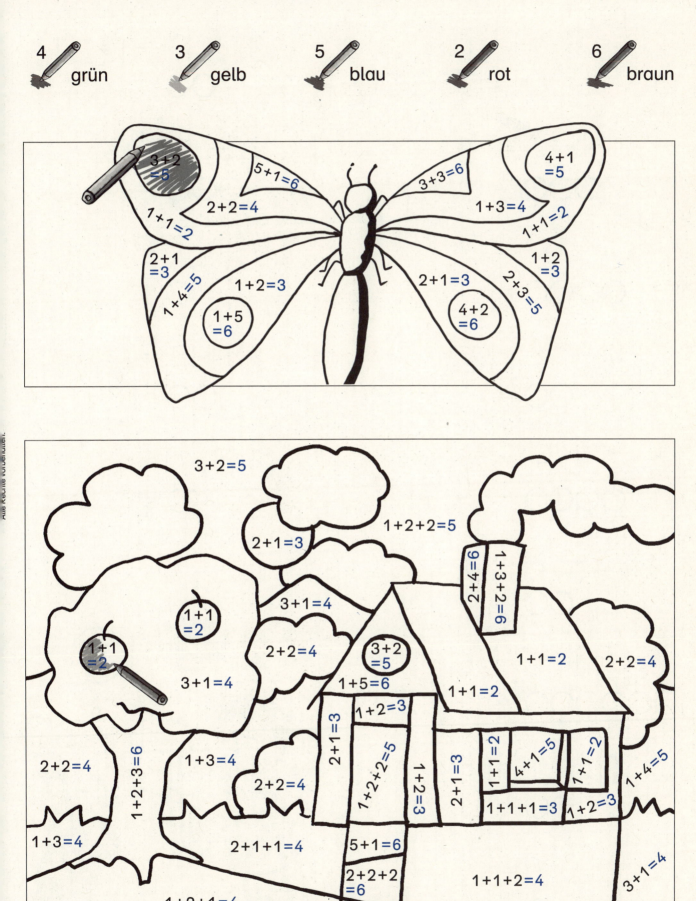

Plusaufgaben   *Plusaufgaben lösen*   21

Ergänzungsaufgaben kennen lernen

2 + 3 = 5
○○ ○○○ = ○○○○○

3 + 3 = 6
○○○ ○○○ = ○○○○○○

1 + 4 = 5
○ ○○○○ = ○○○○○

4 + 2 = 6
○○○○ ○○ = ○○○○○○

2 + 4 = 6
○○ ○○○○ = ○○○○○○

3 + 2 = 5
○○○ ○○ = ○○○○○

1 + 5 = 6
○ ○○○○○ = ○○○○○○

5 + 1 = 6
○○○○○ ○ = ○○○○○○

4 + 1 = 5
○○○○ ○ = ○○○○○

1 + 2 = 3
○ ○○ = ○○○

1 + 3 = 4
○ ○○○ = ○○○○

1 + 1 = 2
○ ○ = ○○

2 + 2 = 4
○○ ○○ = ○○○○

2 + 1 = 3
○○ ○ = ○○○

22 Plusaufgaben *Ergänzungsaufgaben*

Ergänzungsaufgaben verstehen

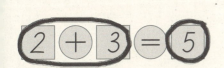

4 + 2 = 6	1 + 4 = 5
3 + 1 = 4	3 + 2 = 5
2 + 2 = 4	4 + 1 = 5
3 + 3 = 6	2 + 1 = 3

2 + 4 = 6	1 + 5 = 6	2 + 3 = 5
3 + 2 = 5	3 + 3 = 6	2 + 2 = 4
4 + 1 = 5	2 + 2 = 4	3 + 2 = 5
3 + 3 = 6	1 + 4 = 5	4 + 2 = 6
3 + 2 = 5	2 + 3 = 5	3 + 3 = 6
2 + 4 = 6	3 + 1 = 4	1 + 2 = 3

Plusaufgaben *Ergänzungsaufgaben*

Ergänzungsaufgaben lösen

1 + 5 = 6
4 + 2 = 6
2 + 4 = 6

3 + 3 = 6   2 + 2 = 4   3 + 2 = 5
3 + 1 = 4   3 + 1 = 4   4 + 1 = 5
1 + 3 = 4   2 + 3 = 5   2 + 4 = 6

2 + 4 = 6   1 + 4 = 5   2 + 2 = 4
5 + 1 = 6   3 + 2 = 5   3 + 1 = 4
3 + 3 = 6   4 + 1 = 5   2 + 2 = 4
4 + 2 = 6   2 + 3 = 5   1 + 3 = 4

1 + 1 = 2   1 + 1 = 2   2 + 2 = 4
2 + 2 = 4   4 + 2 = 6   5 + 1 = 6
3 + 3 = 6   2 + 3 = 5   1 + 5 = 6
4 + 2 = 6   3 + 1 = 4   2 + 3 = 5

Plusaufgaben *Ergänzungsaufgaben*

Es wird immer weniger

  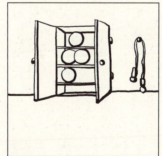 

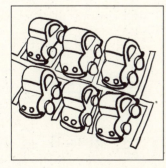 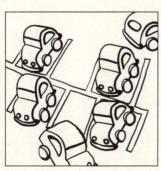  

Minusaufgaben *Minusaufgaben kennen lernen* 25

Rechengeschichten in Kurzform aufschreiben

5 − 2 = 3

5 minus 2 gleich 3

6 − 3 = 3

6 minus 3 gleich 3

3 − 1 = 2

3 minus 1 gleich 2

4 − 2 = 2

4 minus 2 gleich 2

Minusaufgaben *Minusaufgaben kennen lernen*

Was passiert? Was ist passiert?

5 − 2 = 3   6 − 2 = 4   6 − 3 = 3

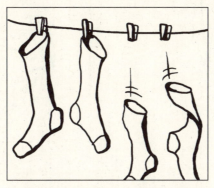

3 − 2 = 1   4 − 2 = 2   3 − 1 = 2

3 − 1 = 2

5 − 2 = 3

Minusaufgaben *Minusaufgaben kennen lernen*

Geld ausgeben

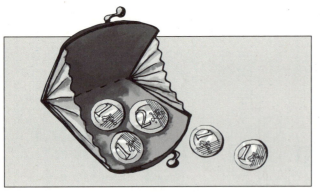

6 € − 2 € = 4 €

6 € − 3 € = 3 €

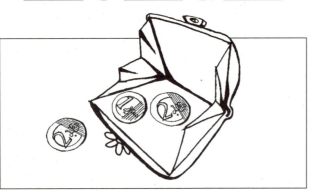

5 € − 2 € = 3 €

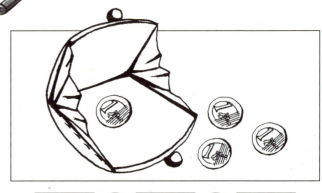

4 € − 3 € = 1 €

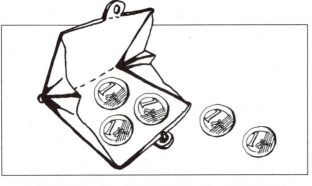

5 € − 2 € = 3 €

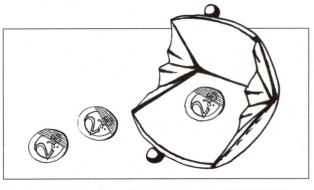

6 € − 4 € = 2 €

28   Minusaufgaben   *Minusaufgaben kennen lernen*

Wegfliegen

Minusaufgaben *Minusaufgaben gestalten*

Überkleben

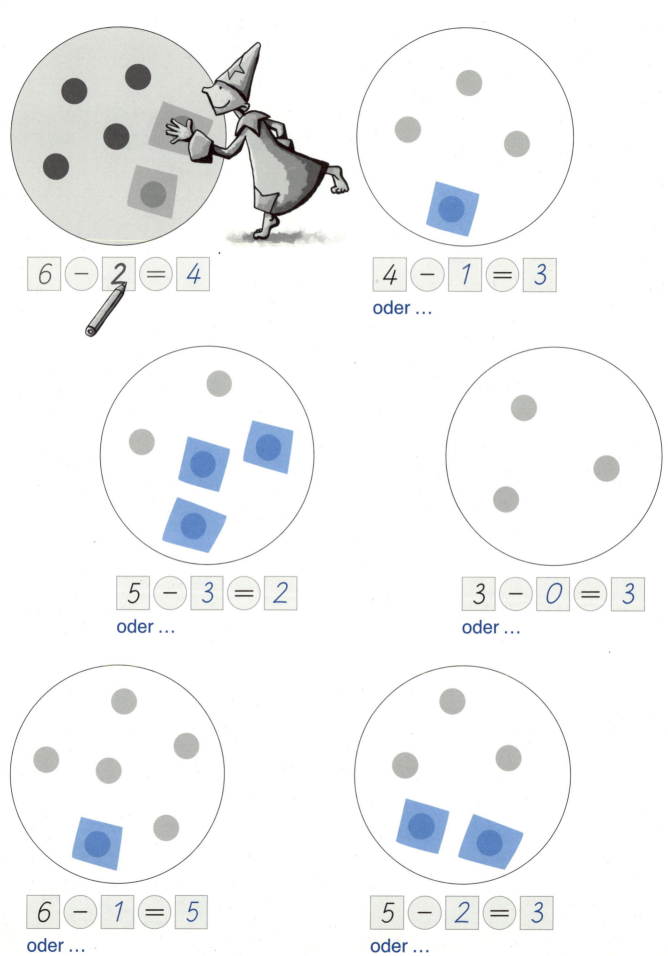

30 Minusaufgaben *Minusaufgaben gestalten*

Wegnehmen

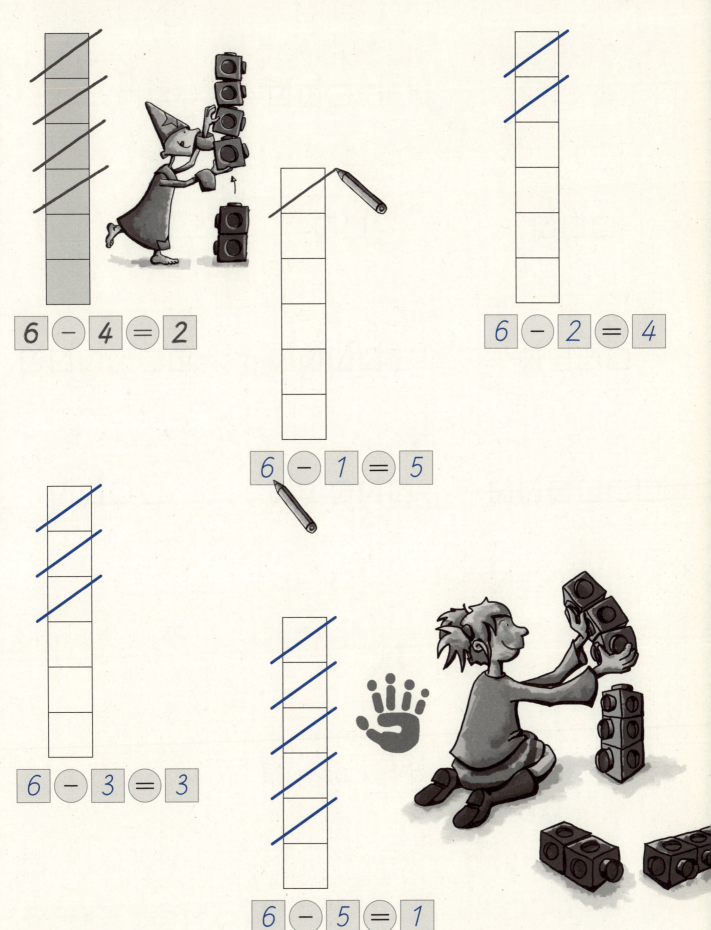

6 − 4 = 2

6 − 1 = 5

6 − 2 = 4

6 − 3 = 3

6 − 5 = 1

oder …

Minusaufgaben   *Minusaufgaben gestalten*   31

Zeichnen

4 − 1 = 3

5 − 2 = 3

3 − 2 = 1

2 − 1 = 1

4 − 3 = 1

5 − 4 = 1

6 − 4 = 2

6 − 3 = 3

5 − 5 = 0

4 − 2 = 2

6 − 6 = 0

4 − 1 = 3

5 − 3 = 2

3 − 2 = 1

5 − 2 = 3

5 − 1 = 4

4 − 2 = 2

3 − 1 = 2

6 − 3 = 3

32   Minusaufgaben   *Minusaufgaben gestalten*

Rechenaufgaben aufschreiben

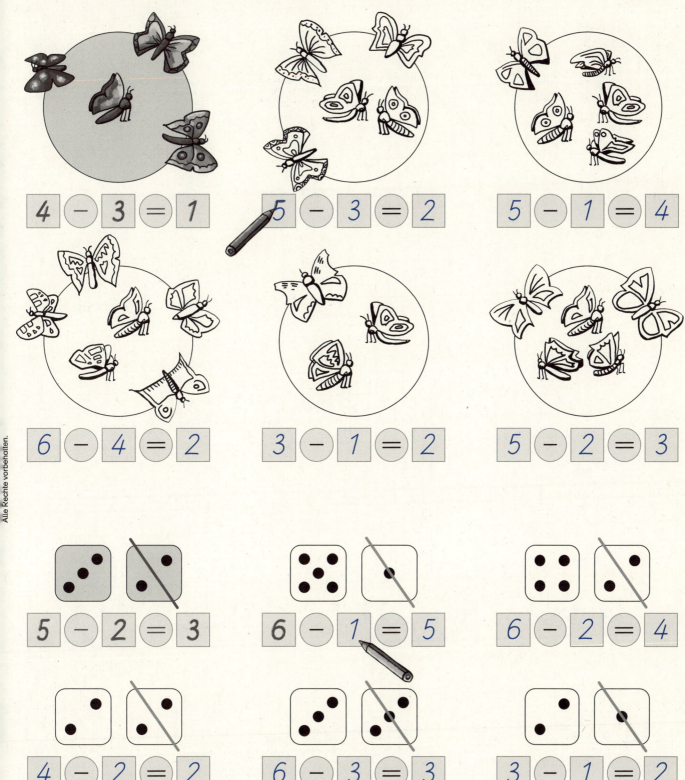

4 − 3 = 1   5 − 3 = 2   5 − 1 = 4

6 − 4 = 2   3 − 1 = 2   5 − 2 = 3

5 − 2 = 3   6 − 1 = 5   6 − 2 = 4

4 − 2 = 2   6 − 3 = 3   3 − 1 = 2

5 − 4 = 1   6 − 4 = 2   4 − 1 = 3

Minusaufgaben *Minusaufgaben erkennen*

Rechenaufgaben aufschreiben

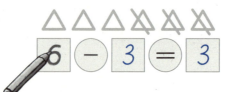
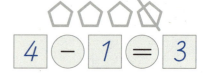

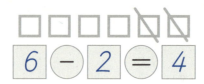
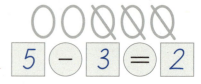

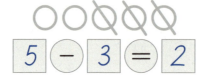

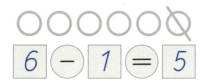
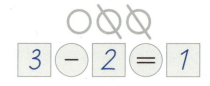

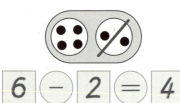
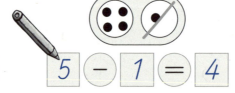

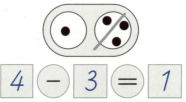

34 Minusaufgaben *Minusaufgaben erkennen*

Bilder malen

5 − 1 = 4

3 − 1 = 2

4 − 3 = 1

2 − 1 = 1

4 − 1 = 3

4 − 2 = 2

6 − 3 = 3

5 − 2 = 3

4 − 1 = 3

Minusaufgaben   *Minusaufgaben lösen*

Berechnen

6 − 6 = 0	5 − 4 = 1	6 − 4 = 2
5 − 2 = 3	6 − 1 = 5	3 − 2 = 1
4 − 1 = 3	4 − 3 = 1	6 − 3 = 3
3 − 2 = 1	5 − 5 = 0	2 − 1 = 1
5 − 3 = 2	6 − 5 = 1	4 − 3 = 1
4 − 2 = 2	6 − 2 = 4	5 − 1 = 4
3 − 1 = 2	4 − 4 = 0	6 − 3 = 3

6 − 5 — 1   5 − 5
5 − 3   0   6 − 4
4 − 4   2   4 − 3

6 − 1   4   6 − 3
4 − 0   5   5 − 0
5 − 2 — 3   5 − 1

36 Minusaufgaben *Minusaufgaben lösen*

Aufgaben finden und lösen

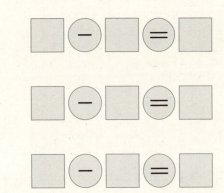

6 − 2 = 4 oder …
5 − 1 = 4 oder …
4 − 3 = 1 oder …

3 − 2 = 1 oder …
1 − 1 = 0 oder …
5 − 3 = 2 oder …

6 − 3 = 3 oder …
4 − 1 = 3 oder …
6 − 4 = 2 oder …

5 − 2 = 3 oder …
6 − 6 = 0 oder …
3 − 1 = 2 oder …

6 − 5 = 1 oder …
4 − 2 = 2 oder …
3 − 0 = 3 oder …

Minusaufgaben *Minusaufgaben lösen* 37

Zweimal wegnehmen

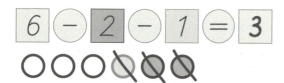

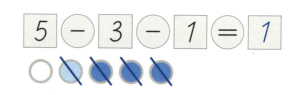

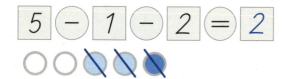

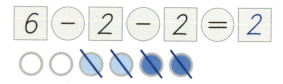

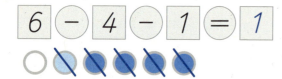

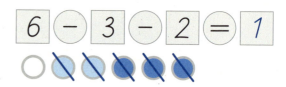

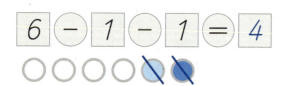

Ergänzungsaufgaben kennen lernen

5 − 2 = 3
6 − 2 = 4

4 − 2 = 2
5 − 4 = 1

3 − 2 = 1
6 − 3 = 3

5 − 3 = 2
3 − 2 = 1

6 − 4 = 2
5 − 1 = 4

4 − 3 = 1
6 − 5 = 1

3 − 1 = 2

4 − 1 = 3

2 − 1 = 1

Minusaufgaben *Ergänzungsaufgaben*

Ergänzungsaufgaben lösen

5 − **2** = 3

4 − 3 = 1

2 − 1 = 1

6 − 3 = 3

6 − 2 = 4   6 − 3 = 3   5 − 3 = 2

3 − 1 = 2   4 − 2 = 2   6 − 5 = 1

5 − 2 = 3   5 − 1 = 4   6 − 4 = 2

3 − 2 = 1   6 − 1 = 5   4 − 3 = 1

4 − 1 − 1 = 2   5 − 2 − 2 = 1

5 − 2 − 2 = 1   4 − 1 − 2 = 1

6 − 3 − 1 = 2   6 − 2 − 2 = 2

3 − 1 − 1 = 1   3 − 2 − 0 = 1

40 Minusaufgaben *Ergänzungsaufgaben*

Rechnen und ausmalen

2 gelb   3 grün   4 blau   5 rot   6 braun

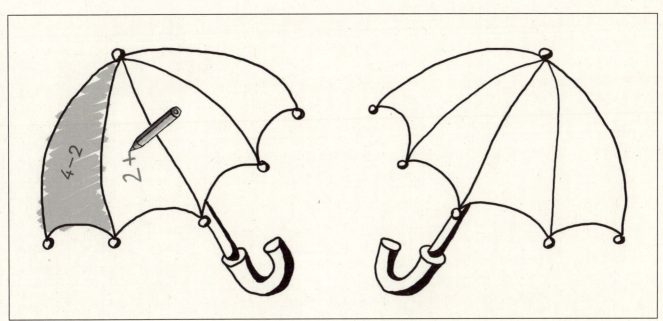

Plus- und Minusaufgaben *Plusaufgaben und Minusaufgaben lösen*

Passendes Ergebnis finden

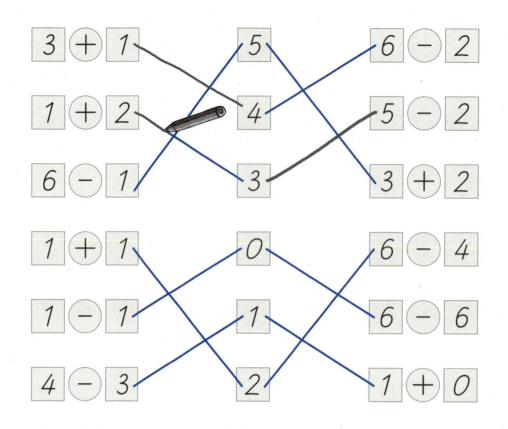

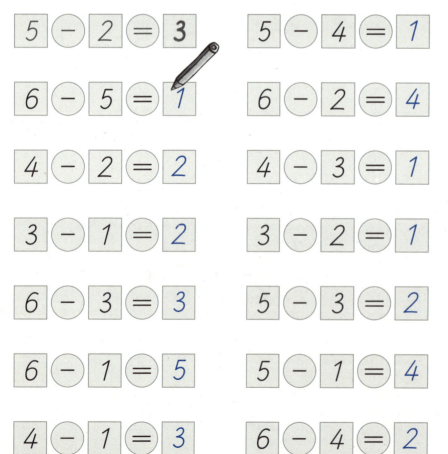

Aufgaben lösen

2 + 2 = 4	5 − 2 = 3	3 + 3 = 6
3 + 1 = 4	4 − 1 = 3	4 + 2 = 6
5 + 1 = 6	3 − 2 = 1	6 − 2 = 4
2 + 3 = 5	6 − 3 = 3	5 − 3 = 2
2 + 3 = 5	1 + 3 = 4	1 + 4 = 5
6 − 2 = 4	2 + 4 = 6	5 − 4 = 1
4 − 3 = 1	6 − 3 = 3	4 − 2 = 2
3 + 3 = 6	5 − 2 = 3	3 − 1 = 2
4 − 2 = 2	1 + 4 = 5	6 − 3 = 3
3 + 3 = 6	5 − 1 = 4	4 − 3 = 1
5 − 3 = 2	6 − 3 = 3	1 + 5 = 6
2 + 4 = 6	2 + 3 = 5	2 + 1 = 3
3 + 2 = 5	1 + 3 = 4	3 + 2 = 5

Plus- und Minusaufgaben *Plusaufgaben und Minusaufgaben lösen*

Rechnen mit drei Zahlen

6 − 2 − 2 = 2   6 − 1 − 2 = 3
5 − 1 − 2 = 2   5 − 3 − 2 = 0
4 − 1 − 2 = 1   4 − 1 − 1 = 2
6 − 3 − 1 = 2   5 − 1 − 3 = 1
5 − 3 − 1 = 1   6 − 4 − 1 = 1

2 + 3 − 1 = 4   6 − 2 + 1 = 5
3 + 3 − 2 = 4   5 + 1 − 4 = 2
5 − 4 + 3 = 4   3 + 2 − 4 = 1
2 − 1 + 4 = 5   2 + 4 − 3 = 3
6 − 4 + 3 = 5   1 + 4 − 3 = 2
4 − 3 + 2 = 3   2 + 4 − 5 = 1
5 + 1 − 3 = 3   1 + 3 − 2 = 2

7 schreiben

Zahlen von 7 bis 13 *Bis 7* 5

Zur 7 ergänzen – von 7 wegnehmen

Wegfliegen

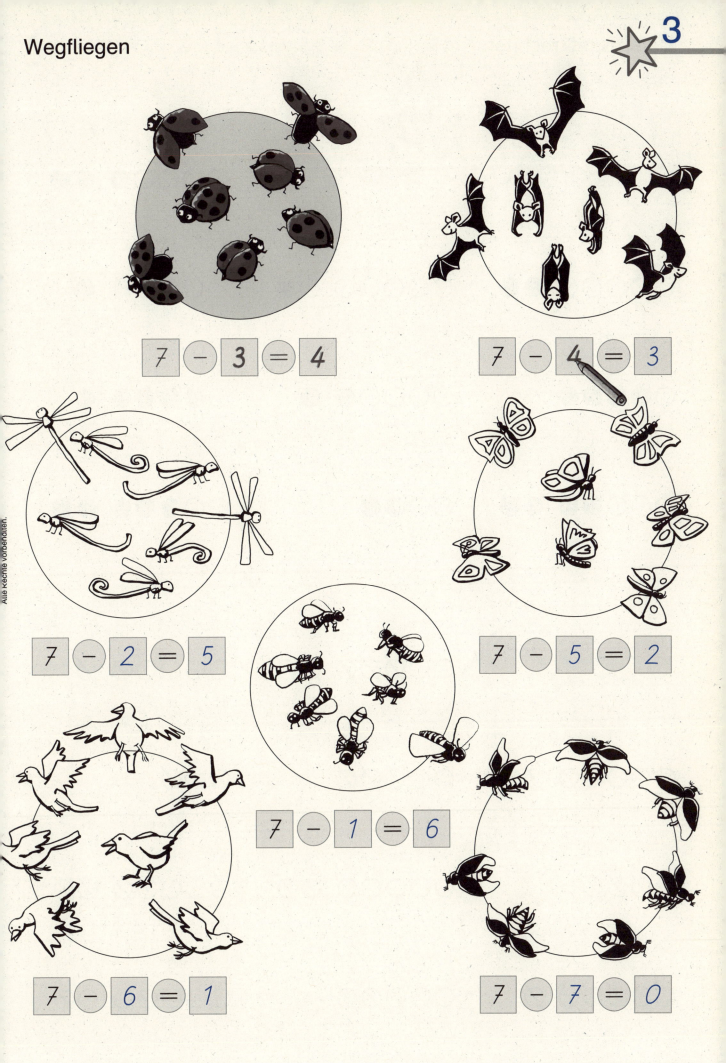

Zahlen von 7 bis 13 *Bis 7*

Malen und rechnen

2 + 4 = 6
○○●●●●

5 + 2 = 7
○○○○○ ●●

1 + 4 = 5
○●●●●

3 + 4 = 7
○○○●● ●●

6 + 1 = 7
○○○○○ ○●

4 + 2 = 6
○○○○● ●

2 + 2 = 4
○○●●

4 + 3 = 7
○○○○● ●●

3 + 3 = 6
○○○●● ●

1 + 5 = 6
○●●●● ●

2 + 5 = 7
○○●●● ●●

5 − 2 = 3
○○○⌀⌀

7 − 3 = 4
○○○○⌀ ⌀⌀

4 − 3 = 1
○⌀⌀

6 − 4 = 2
○○⌀⌀ ⌀

7 − 5 = 2
○○⌀⌀ ⌀⌀

5 − 3 = 2
○○⌀⌀⌀

7 − 2 = 5
○○○○○ ⌀⌀

5 − 4 = 1
○⌀⌀⌀⌀

6 − 2 = 4
○○○○⌀ ⌀

3 − 1 = 2
○○⌀

7 − 4 = 3
○○○⌀⌀ ⌀⌀

7 − 1 = 6
○○○○○ ○⌀

8 Zahlen von 7 bis 13 Bis 7

7 bilden und zerlegen

1 + 6 = 7	7 − 1 = 6
2 + 5 = 7	7 − 2 = 5
0 + 7 = 7	7 − 0 = 7
5 + 2 = 7	7 − 5 = 2
3 + 4 = 7	7 − 3 = 4
4 + 3 = 7	7 − 4 = 3
6 + 1 = 7	7 − 6 = 1

oder …

5 + 2 = 7	7 − 5 = 2
3 + 4 = 7	7 − 6 = 1
4 + 3 = 7	7 − 4 = 3
1 + 6 = 7	7 − 2 = 5
6 + 1 = 7	7 − 1 = 6
2 + 5 = 7	7 − 0 = 7
7 + 0 = 7	7 − 3 = 4

Zahlen von 7 bis 13 Bis 7

8 schreiben

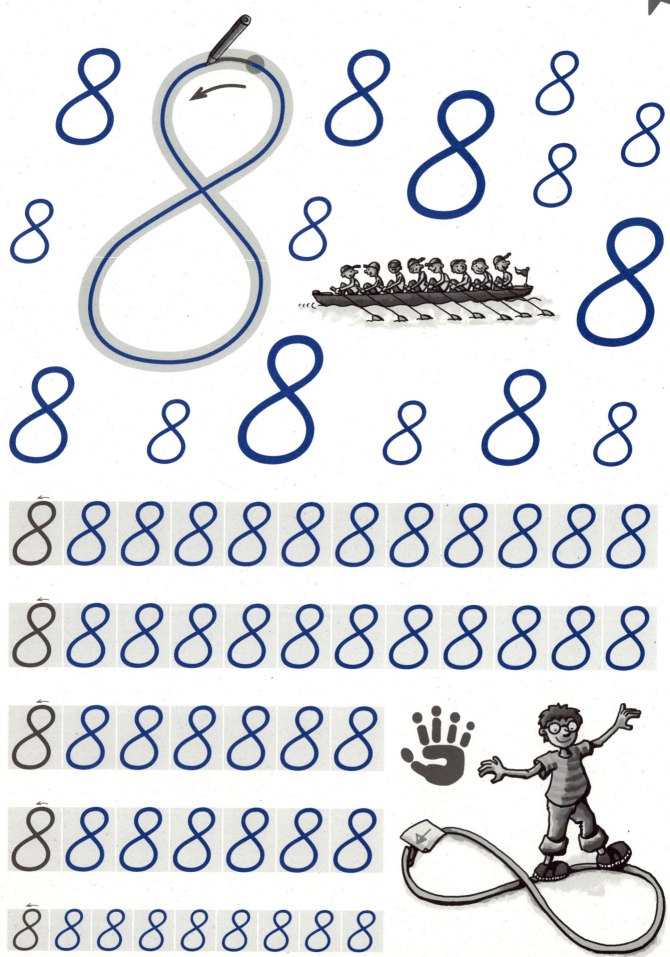

Zahlen von 7 bis 13 *Bis 8*

Immer 8 bilden

3 + 5 = 8

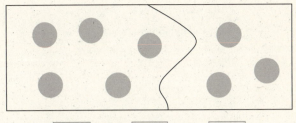

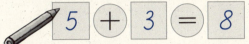
5 + 3 = 8

4 + 4 = 8

1 + 7 = 8

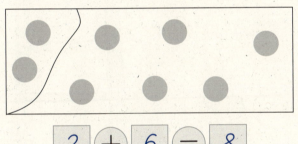

2 + 6 = 8

8 + 0 = 8

7 + 1 = 8

6 + 2 = 8

Zahlen von 7 bis 13 *Bis 8*

Von 8 wegnehmen

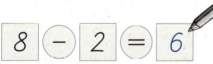

Zahlen von 7 bis 13 Bis 8

Malen und rechnen

2 + 4 = 6	1 + 4 = 5	7 + 1 = 8
5 + 3 = 8	3 + 5 = 8	1 + 6 = 7
2 + 2 = 4	2 + 6 = 8	2 + 3 = 5
4 + 4 = 8	1 + 5 = 6	5 + 2 = 7
7 − 2 = 5	7 − 5 = 2	7 − 1 = 6
8 − 1 = 7	6 − 4 = 2	6 − 5 = 1
6 − 3 = 3	5 − 3 = 2	5 − 1 = 4
8 − 4 = 4	4 − 2 = 2	8 − 7 = 1

Zahlen von 7 bis 13 — Bis 8

Passende Zahlen finden

6	7	8
4 + 2 = 6	1 + 6 = 7	1 + 7 = 8
2 + 4 = 6	6 + 1 = 7	7 + 1 = 8
3 + 3 = 6	2 + 5 = 7	2 + 6 = 8
1 + 5 = 6	5 + 2 = 7	6 + 2 = 8
5 + 1 = 6	3 + 4 = 7	3 + 5 = 8
6 + 0 = 6	4 + 3 = 7	5 + 3 = 8
0 + 6 = 6	0 + 7 = 7	4 + 4 = 8
	oder …	oder …

6	7	8
6 − 2 = 4	7 − 1 = 6	8 − 1 = 7
6 − 4 = 2	7 − 2 = 5	8 − 2 = 6
6 − 5 = 1	7 − 3 = 4	8 − 3 = 5
6 − 1 = 5	7 − 4 = 3	8 − 4 = 4
6 − 3 = 3	7 − 5 = 2	8 − 5 = 3
6 − 0 = 6	7 − 6 = 1	8 − 6 = 2
6 − 6 = 0	7 − 7 = 0	8 − 7 = 1
	oder …	oder …

14 Zahlen von 7 bis 13 *Bis 8*

9 schreiben

Zahlen von 7 bis 13 *Bis 9*

Immer 9

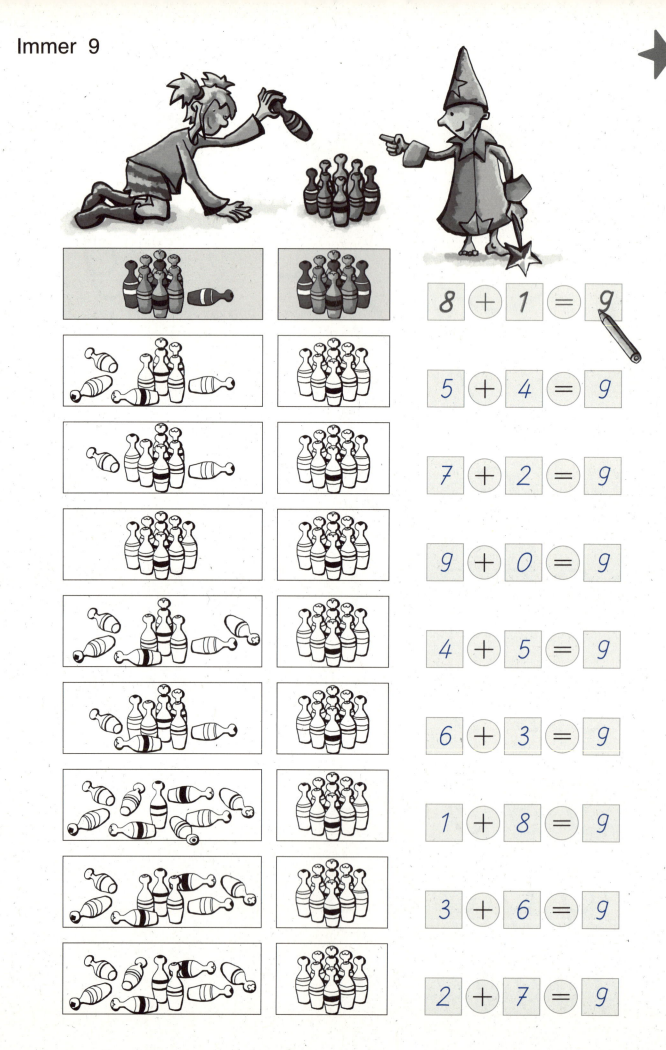

$8 + 1 = 9$

$5 + 4 = 9$

$7 + 2 = 9$

$9 + 0 = 9$

$4 + 5 = 9$

$6 + 3 = 9$

$1 + 8 = 9$

$3 + 6 = 9$

$2 + 7 = 9$

Zahlen von 7 bis 13 Bis 9

Von 9 wegnehmen

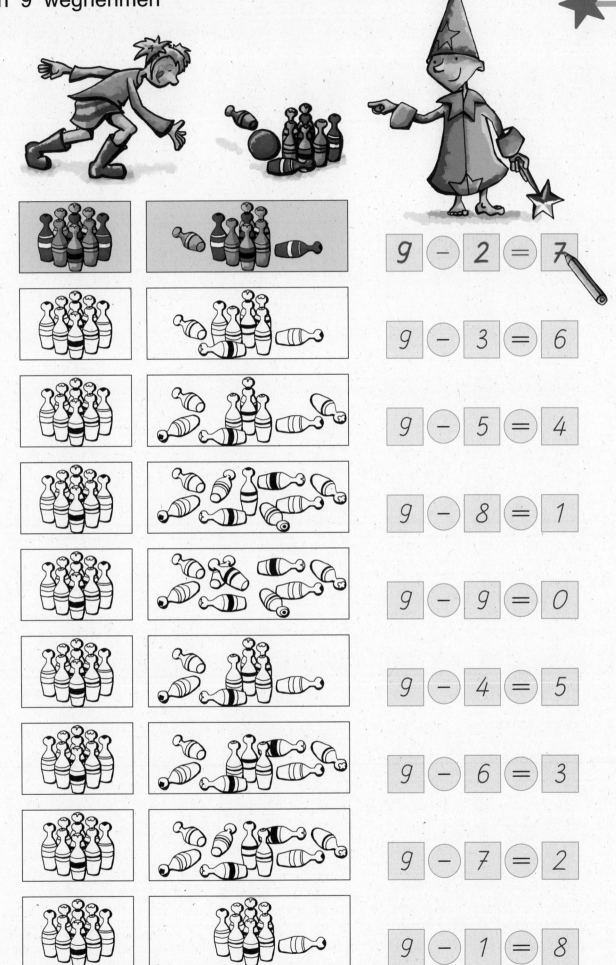

Zahlen von 7 bis 13 *Bis 9* 17

Rechnen mit Zahlen bis 9

4 + 5 = 9   2 + 6 = 8   2 + 5 = 7
2 + 7 = 9   3 + 4 = 7   4 + 4 = 8
3 + 6 = 9   8 + 1 = 9   3 + 5 = 8
1 + 8 = 9   2 + 4 = 6   5 + 4 = 9

2 + 3 + 4 = 9   6 + 2 + 1 = 9
1 + 7 + 1 = 9   3 + 3 + 3 = 9
3 + 3 + 2 = 8   2 + 5 + 2 = 9
4 + 3 + 0 = 7   3 + 2 + 2 = 7

2 + 3 + 4 = 9   3 + 1 + 5 = 9
2 + 4 + 3 = 9   2 + 7 + 0 = 9
4 + 2 + 3 = 9   1 + 5 + 3 = 9
5 + 1 + 3 = 9   4 + 1 + 4 = 9
2 + 6 + 1 = 9   6 + 2 + 1 = 9

oder ...

18   Zahlen von 7 bis 13   Bis 9

Immer 10

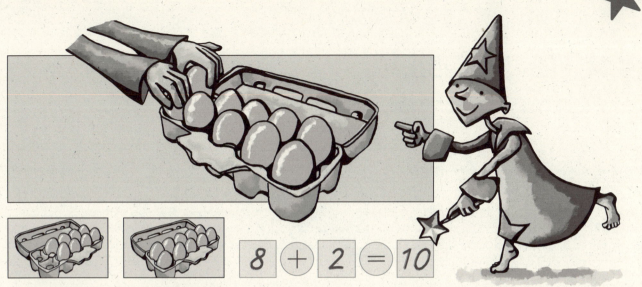

  $8 + 2 = 10$

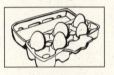  $2 + 8 = 10$

  $5 + 5 = 10$

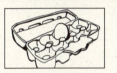  $7 + 3 = 10$

  $1 + 9 = 10$

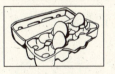  $0 + 10 = 10$

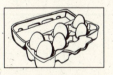 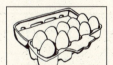 $3 + 7 = 10$

  $6 + 4 = 10$

  $4 + 6 = 10$

  $9 + 1 = 10$

Zahlen von 7 bis 13   *Bis 10*

Plusaufgaben rechnen und malen

3 + 7 = 10   6 + 4 = 10

4 + 6 = 10   1 + 9 = 10

7 + 3 = 10   2 + 8 = 10

10 + 0 = 10   5 + 5 = 10

8 + 2 = 10   9 + 1 = 10

5 + 5 = 10

1 + 9 = 10

7 + 3 = 10

8 + 2 = 10

20 Zahlen von 7 bis 13 Bis 10

Minusaufgaben rechnen und malen

☐☐☐☐☐ ☐☒☒☒ 10 − 3 = 7

☐☐☐☐☐ ☐☐☒☒ 10 − 2 = 8

☐☐☐☐☐ ☒☒☒☒☒ 10 − 5 = 5

☐☐☐☐☐ ☐☐☐☐☐ 10 − 0 = 10

☐☐☐☒☒ ☒☒☒☒☒ 10 − 7 = 3

☐☐☒☒☒ ☒☒☒☒☒ 10 − 8 = 2

☐☐☐☐☐ ☐☐☐☐☒ 10 − 1 = 9

☐☐☐☐ ☒☒☒☒☒☒ 10 − 6 = 4

☐☐☐☐☐ ☐☒☒☒☒ 10 − 4 = 6

☒☐☐☐☐ ☒☒☒☒☒ 10 − 9 = 1

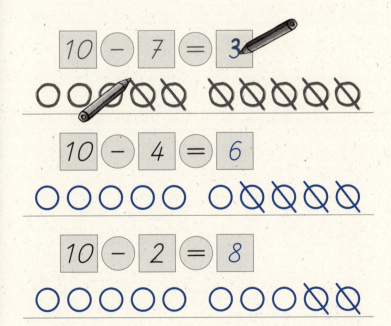

Zahlen von 7 bis 13 *Bis 10* 21

Bilder ergänzen – Aufgaben aufschreiben

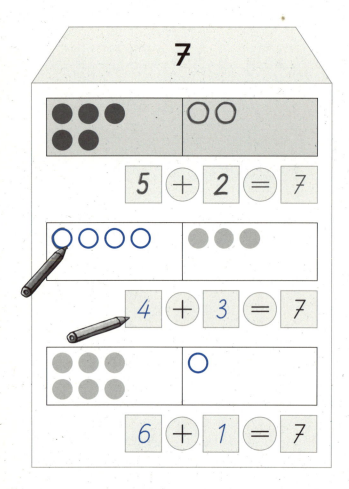
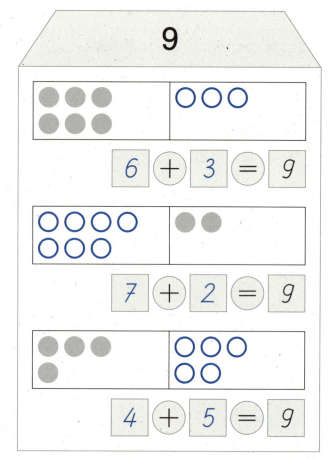
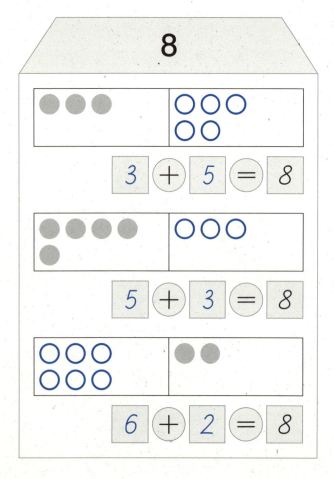
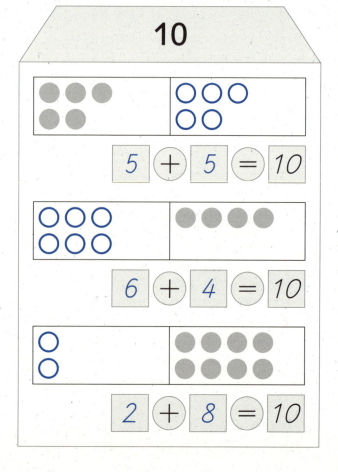

22 Zahlen von 7 bis 13 Bis 10

Passende Würfelaufgaben finden

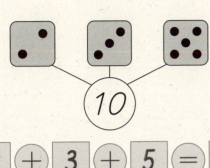

2 + 3 + 5 = 10

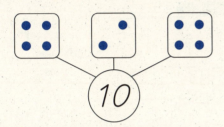

4 + 2 + 4 = 10

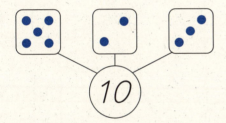

5 + 2 + 3 = 10

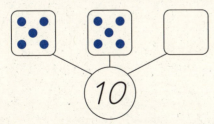

3 + 4 + 3 = 10

5 + 5 + 0 = 10

oder ...

1 + 4 + 5 = 10

3 + 1 + 6 = 10

6 + 2 + 2 = 10

Zahlen von 7 bis 13 Bis 10

Rechnen und ausmalen

5 rot   6 grün   7 gelb   8 braun   9 blau

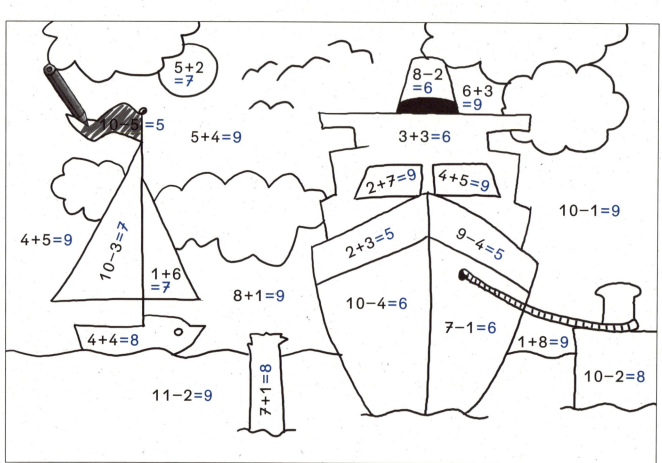

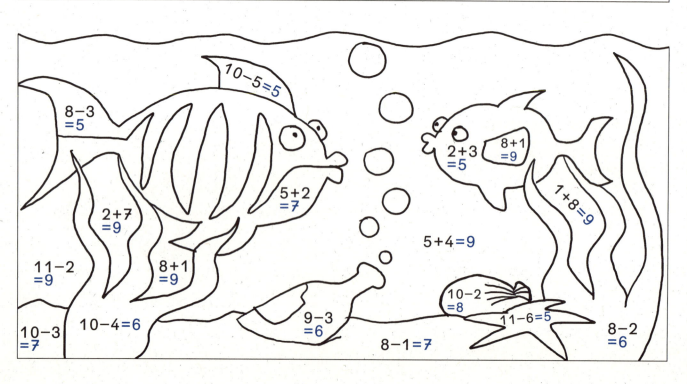

24   Zahlen von 7 bis 13   Bis 10

Zahlen vergleichen (<, >)

7 < 8
6 < 10

5 < 7
6 < 9

8 > 3
9 > 3
6 < 8

9 < 10
9 > 8
9 > 7

7 > 4
7 < 9
7 < 10

8 > 6
9 > 6
7 > 6

3 < 7
8 < 10

6 < 7
7 > 5

9 > 4
9 > 5

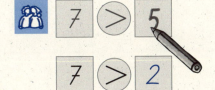

7 > 5
7 > 2
7 > 6

3 < 8
1 < 4
9 < 10

7 > 4
1 < 5
4 < 6

5 > 2
7 > 3
6 < 7

3 < 4
5 < 8
10 > 2

9 < 10
6 < 8
7 > 1

oder …

Zahlen von 7 bis 13 Bis 10   25

Immer 11

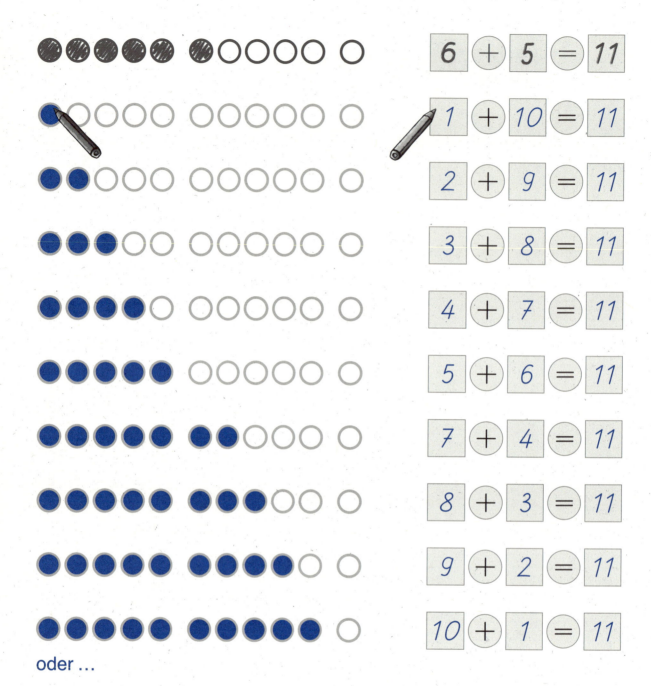

oder …

Zahlen von 7 bis 13   Bis 11

Von 11 wegnehmen

11 − 7 = 4   11 − 2 = 9   11 − 3 = 8

11 − 4 = 7   11 − 5 = 6   11 − 8 = 3

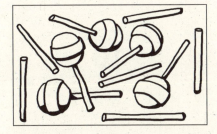

11 − 9 = 2   11 − 6 = 5

11 − 11 = 0   11 − 10 = 1

Zahlen von 7 bis 13 *Bis 11*

Plusaufgaben rechnen

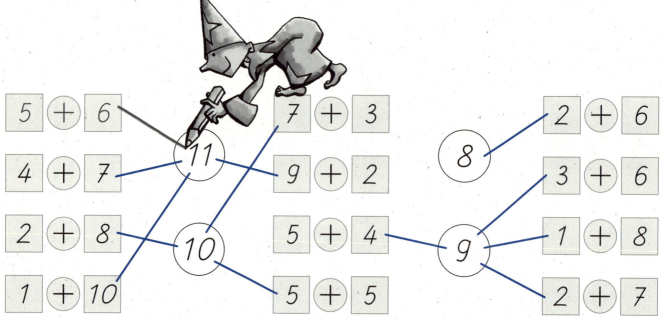

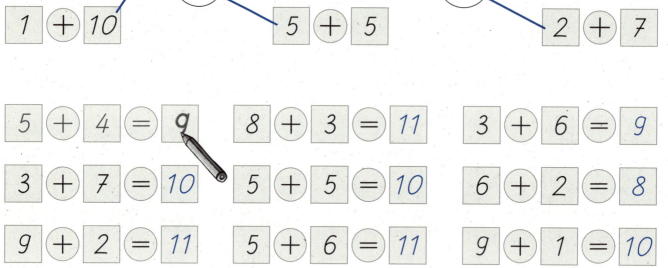

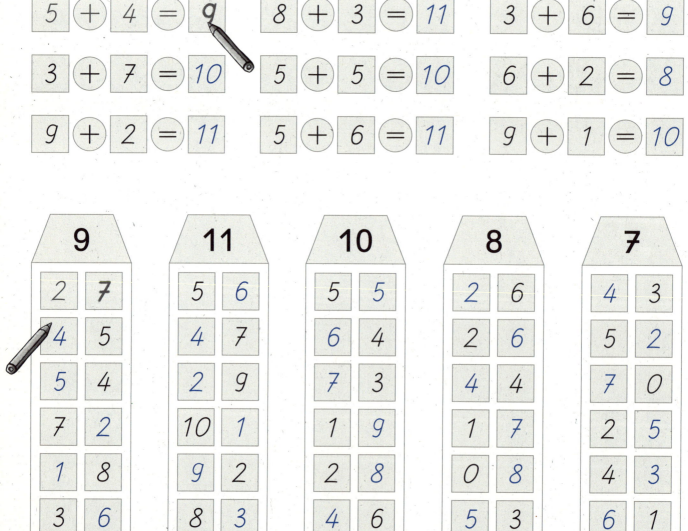

Aufgaben finden

6 + 5 = 11

1 + 10 = 11

2 + 9 = 11

3 + 8 = 11

4 + 7 = 11

5 + 6 = 11

7 + 4 = 11

8 + 3 = 11

9 + 2 = 11

10 + 1 = 11

11 + 0 = 11

oder …

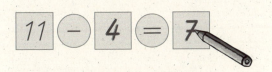

11 − 4 = 7

11 − 1 = 10

11 − 2 = 9

11 − 3 = 8

11 − 5 = 6

11 − 6 = 5

11 − 7 = 4

11 − 8 = 3

11 − 9 = 2

11 − 10 = 1

11 − 11 = 0

11 − 0 = 11

Zu 11 ergänzen – von 11 wegnehmen

7 + 4 = 11	8 + 3 = 11
6 + 5 = 11	6 + 5 = 11
3 + 8 = 11	1 + 10 = 11
5 + 6 = 11	4 + 7 = 11
9 + 2 = 11	7 + 4 = 11
4 + 7 = 11	5 + 6 = 11
2 + 9 = 11	3 + 8 = 11

11 − 10 = 1	11 − 6 = 5
11 − 5 = 6	11 − 8 = 3
11 − 7 = 4	11 − 2 = 9
11 − 9 = 2	11 − 3 = 8
11 − 4 = 7	11 − 1 = 10

30   Zahlen von 7 bis 13   *Bis 11*

Aufgaben zuordnen

11	8	6
6 + 5	4 + 4	8 − 2
3 + 8	5 + 3	10 − 4
11 − 0	10 − 2	11 − 5
7 + 4	2 + 6	1 + 5
9 + 2	11 − 3	4 + 2
5 + 6	7 + 1	3 + 3

6 + 5   4 + 4   8 − 2
5 + 3   3 + 8   11 − 0
7 + 4   10 − 2   2 + 6
11 − 3   7 + 1   9 + 2
10 − 4   5 + 6   11 − 5
1 + 5   4 + 2   3 + 3

Zahlen von 7 bis 13 *Bis 11*   31

Immer 12

1 + 11 = 12

2 + 10 = 12

3 + 9 = 12

4 + 8 = 12

5 + 7 = 12

6 + 6 = 12

12 + 0 = 12

7 + 5 = 12

8 + 4 = 12

oder …

Zahlen von 7 bis 13 *Bis 12*

Von 12 wegnehmen

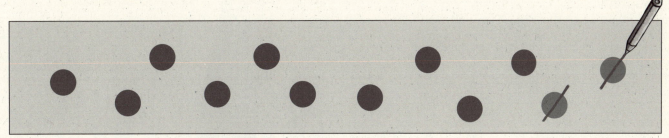

12 − 2 = 10

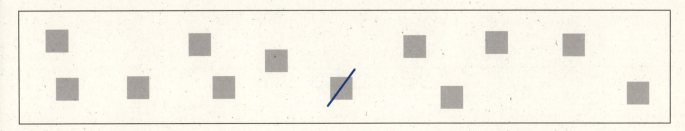

12 − 1 = 11

12 − 5 = 7

12 − 4 = 8

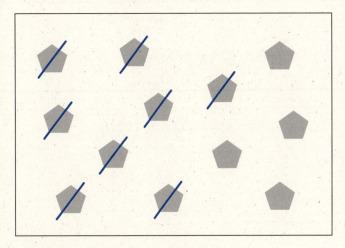

12 − 8 = 4

oder …

Zahlen von 7 bis 13 *Bis 12* 33

Aufgaben würfeln

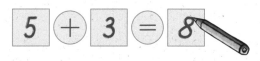 

 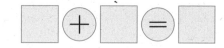

34 Zahlen von 7 bis 13 *Bis 12*

Plusaufgaben rechnen

5 + 4 = 9   4 + 8 = 12   5 + 7 = 12
6 + 6 = 12   5 + 6 = 11   6 + 6 = 12
7 + 4 = 11   5 + 7 = 12   8 + 4 = 12
8 + 3 = 11   6 + 4 = 10   9 + 3 = 12
6 + 5 = 11   8 + 2 = 10   6 + 4 = 10
8 + 4 = 12   2 + 10 = 12 8 + 3 = 11
7 + 5 = 12   9 + 3 = 12   7 + 5 = 12

6 + 6 = 12   6 + 5 = 11   6 + 6 = 12
5 + 7 = 12   5 + 5 = 10   8 + 4 = 12
4 + 8 = 12   4 + 7 = 11   10 + 2 = 12
3 + 9 = 12   8 + 4 = 12   7 + 5 = 12

7 + 5 = 12   4 + 6 = 10   9 + 3 = 12
8 + 4 = 12   3 + 9 = 12   2 + 10 = 12
9 + 3 = 12   4 + 7 = 11   5 + 7 = 12
10 + 2 = 12 8 + 3 = 11   3 + 9 = 12

Zahlen von 7 bis 13   Bis 12   35

Minusaufgaben rechnen

12 − 1 = 11
12 − 4 = 8
12 − 8 = 4
12 − 10 = 2
12 − 5 = 7
12 − 12 = 0

12 − 3 = 9
12 − 6 = 6
12 − 9 = 3
12 − 2 = 10
12 − 7 = 5
12 − 11 = 1

12 − 9 = 3
12 − 5 = 7
12 − 10 = 2
12 − 2 = 10
12 − 7 = 5
12 − 4 = 8

12 − 11 = 1
12 − 6 = 6
12 − 3 = 9
12 − 1 = 11
12 − 8 = 4
12 − 0 = 12

36 Zahlen von 7 bis 13   Bis 12

Aufgaben finden

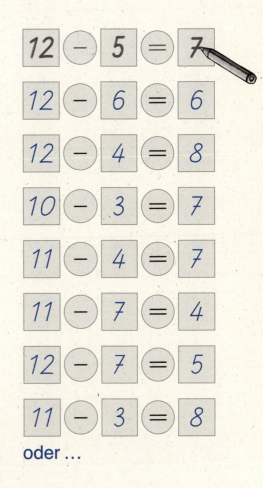

Zahlen von 7 bis 13 Bis 12

Zählen und Bilder ergänzen

38   Zahlen von 7 bis 13 *Bis 13*

Zahlreihen ergänzen

| 1 | 2 | 3 | 4 | 5 | 6 | 7 | 8 | 9 |

| 5 | 6 | 7 | 8 | 9 | 10 | 11 | 12 | 13 |

| 4 | 5 | 6 | 7 | 8 | 9 | 10 | 11 | 12 |

| 13 | 12 | 11 | 10 | 9 | 8 | 7 | 6 | 5 | 4 |

| 7 | 8 | 9 | 10 | oder …

| 12 | 11 | 10 | 9 | 8 | 7 | oder …

| 11 | 12 | 13 | oder …

| 13 | 12 | 11 | 10 | 9 |

| 12 | 11 | 10 | 9 | oder …

Zahlen von 7 bis 13 Bis 13

Malen und rechnen

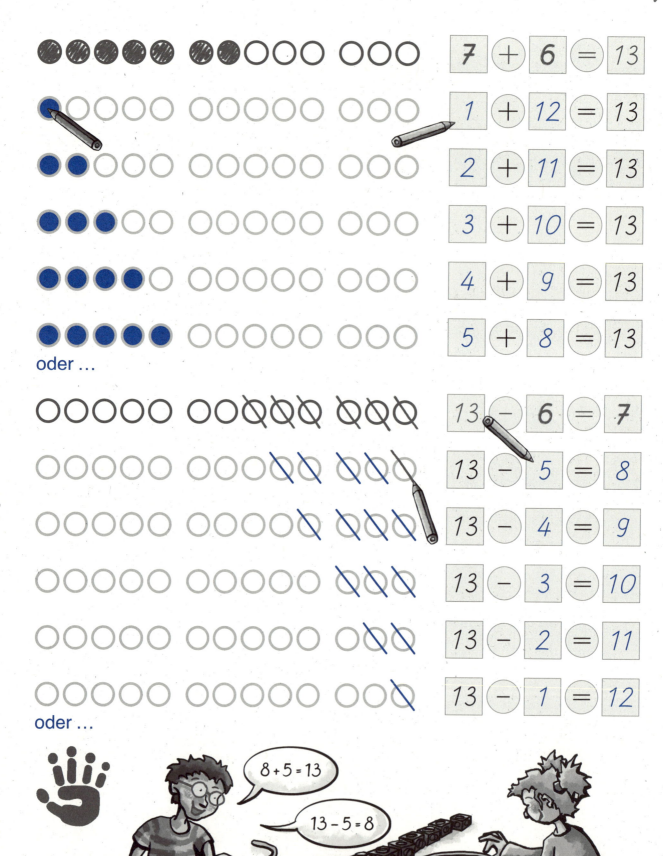

oder …

oder …

40 Zahlen von 7 bis 13 Bis 13

Plusaufgaben rechnen

5 + 6 = 11	4 + 9 = 13	8 + 3 = 11
7 + 5 = 12	2 + 8 = 10	4 + 7 = 11
6 + 6 = 12	7 + 6 = 13	5 + 8 = 13
8 + 5 = 13	6 + 5 = 11	7 + 3 = 10
9 + 3 = 12	9 + 4 = 13	9 + 2 = 11
4 + 8 = 12	2 + 11 = 13	8 + 4 = 12
3 + 8 = 11	9 + 3 = 12	7 + 4 = 11
7 + 6 = 13	8 + 3 = 11	5 + 8 = 13
2 + 9 = 11	9 + 4 = 13	6 + 6 = 12
6 + 7 = 13	4 + 9 = 13	12 + 1 = 13
5 + 8 = 13	11 + 2 = 13	9 + 4 = 13
2 + 11 = 13	13 + 0 = 13	7 + 6 = 13
8 + 5 = 13	10 + 3 = 13	3 + 10 = 13

Zahlen von 7 bis 13 Bis 13

Minusaufgaben rechnen

12 − 3 = 9	12 − 5 = 7	10 − 2 = 8
11 − 4 = 7	10 − 6 = 4	12 − 6 = 6
10 − 5 = 5	11 − 7 = 4	11 − 5 = 6
9 − 6 = 3	13 − 4 = 9	13 − 6 = 7
13 − 5 = 8	13 − 8 = 5	12 − 8 = 4

9 − 4 = 5	11 − 6 = 5	8 − 4 = 4
12 − 3 = 9	12 − 9 = 3	13 − 2 = 11
11 − 7 = 4	13 − 9 = 4	12 − 8 = 4
13 − 7 = 6	12 − 7 = 5	11 − 5 = 6
12 − 4 = 8	11 − 8 = 3	13 − 11 = 2

13 − 9 = 4	13 − 12 = 1	13 − 10 = 3
13 − 6 = 7	13 − 1 = 12	13 − 7 = 6
13 − 11 = 2	13 − 8 = 5	13 − 4 = 9
13 − 3 = 10	13 − 5 = 8	13 − 2 = 11

Zahlen von 7 bis 13   Bis 13

Plus- und Minusaufgaben erkennen

Zahlen von 7 bis 13 *Bis 13*

Plus- und Minusaufgaben rechnen

12 − 4 = 8   D
13 − 9 = 4   U
11 − 5 = 6   K
8 − 3 = 5   A
9 + 4 = 13   N
7 + 6 = 13   N
12 − 3 = 9   S
11 − 10 = 1 T
5 + 8 = 13   N
12 − 8 = 4   U
4 + 9 = 13   N

13 − 4 = 9   S
12 − 12 = 0 CH
12 − 5 = 7   O
11 + 2 = 13 N

12 − 9 = 3   P
13 − 2 = 11 R
7 + 5 = 12   I
5 + 5 = 10   M
11 − 6 = 5   A
3 + 8 = 11   R
13 − 11 = 2 E
9 − 9 = 0   CH
8 + 5 = 13   N
11 − 9 = 2   E
10 + 3 = 13 N

Lösungssatz

DU KANNST NUN SCHON PRIMA RECHNEN.

44 Zahlen von 7 bis 13 Bis 13

Zahlenbilder ausmalen und benennen

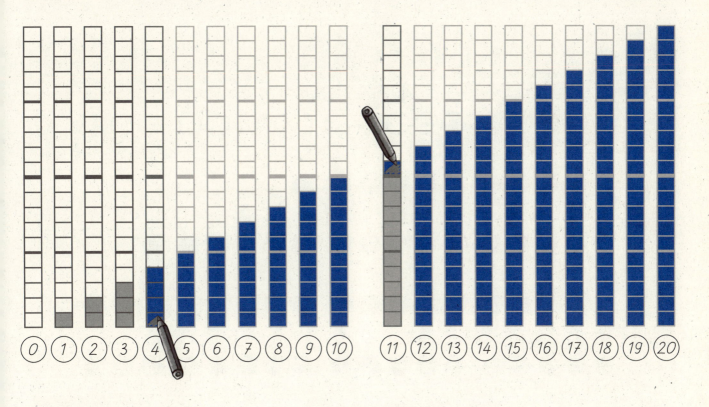

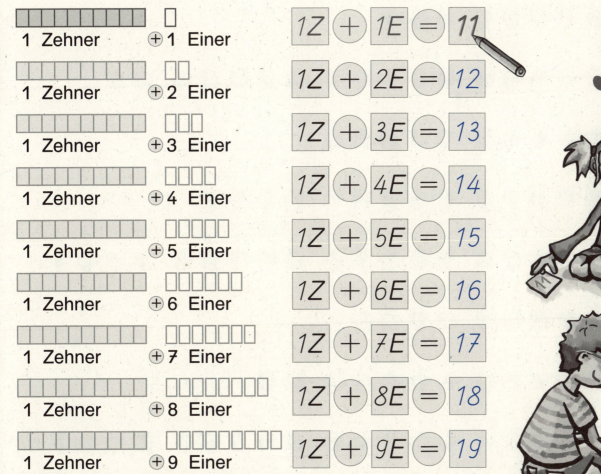

1 Zehner	+ 1 Einer
1 Zehner	+ 2 Einer
1 Zehner	+ 3 Einer
1 Zehner	+ 4 Einer
1 Zehner	+ 5 Einer
1 Zehner	+ 6 Einer
1 Zehner	+ 7 Einer
1 Zehner	+ 8 Einer
1 Zehner	+ 9 Einer
2 Zehner	

1Z + 1E = 11
1Z + 2E = 12
1Z + 3E = 13
1Z + 4E = 14
1Z + 5E = 15
1Z + 6E = 16
1Z + 7E = 17
1Z + 8E = 18
1Z + 9E = 19
2Z + 0E = 20

Zahlen bis 20 *Zahlen bis 20 kennen lernen*

Anzahlen in Bildern darstellen

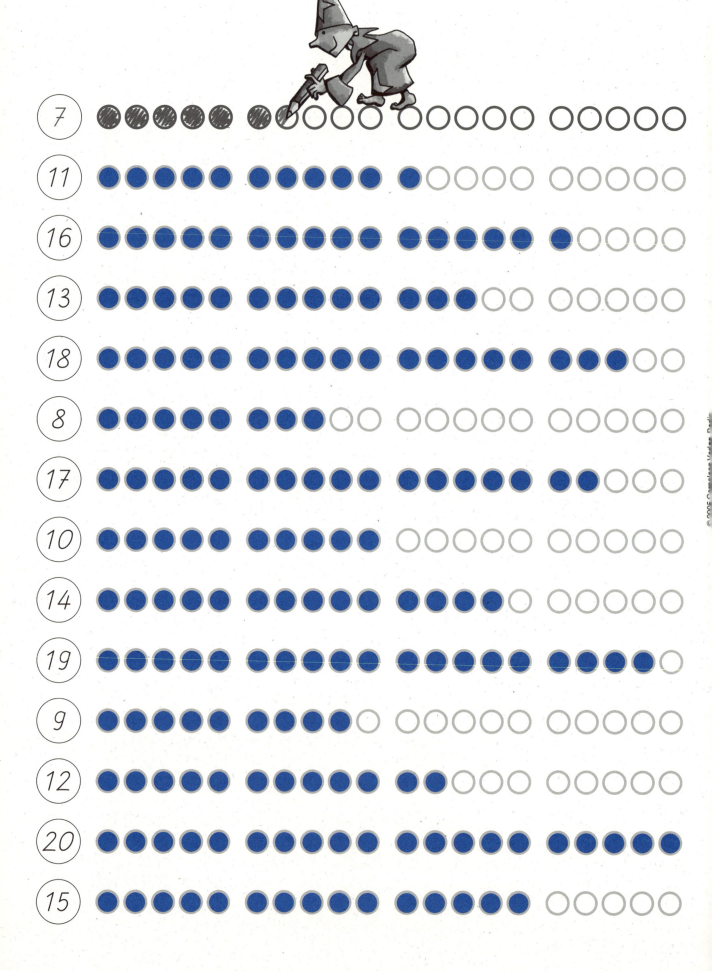

6 Zahlen bis 20 *Zahlen bis 20 kennen lernen*

Anzahlen bestimmen und aufschreiben

 12

 16

 18

 10

 20

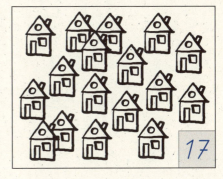 17

 11

 14

 15

 19

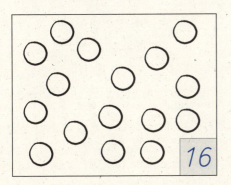 16

Zahlen bis 20   *Zahlen bis 20 kennen lernen*

Zehner-Einer-Struktur erkennen

10 + 2 = 12    10 + 6 = 16

10 + 1 = 11    10 + 5 = 15

10 + 3 = 13    10 + 7 = 17

10 + 4 = 14 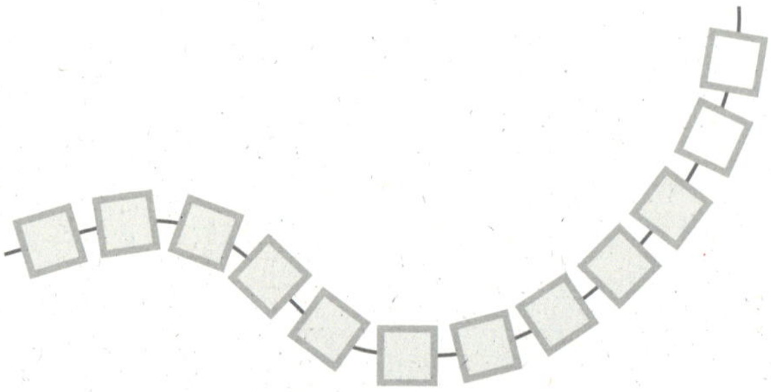   10 + 2 = 12

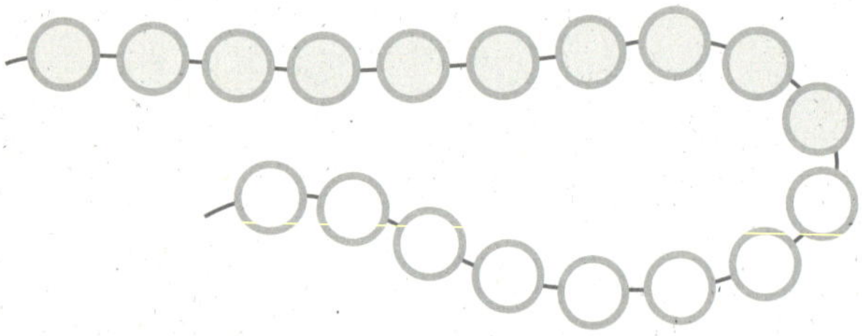

10 + 8 = 18

10 + 9 = 19

10 + 4 = 14

8   Zahlen bis 20   *Zahlen bis 20 kennen lernen*

Mit Fingern Zahlen darstellen und erkennen

Zahlen bis 20 *Zahlen bis 20 kennen lernen*

Anzahlen von Tieren ermitteln

||||| ||||| |||||		16	Kühe
||||| ||||| |||	13	Hasen
||||| ||||| ||||| ||	17	Enten
||||| ||||| ||||	14	Pferde
||||| ||||| ||||| |||	18	Mäuse
||||| ||||| |||||	15	Vögel

10 Zahlen bis 20 *Zahlen bis 20 kennen lernen*

Zahlreihen ergänzen

Zahlen bis 20 *Zahlreihe bis 20*

Zahlen in der richtigen Reihenfolge verbinden

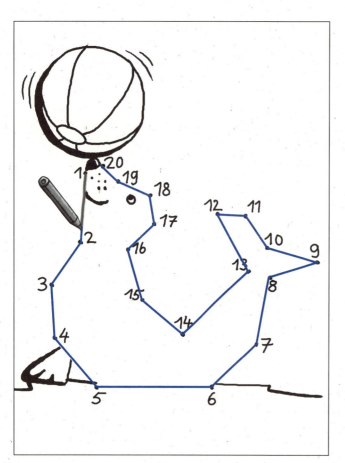
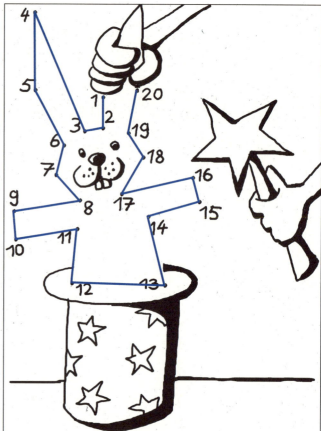

12   Zahlen bis 20   *Zahlreihe bis 20*

Nachbarzahlen bestimmen

Zahlen bis 20 *Zahlreihe bis 20*

Vorgänger und Nachfolger bestimmen

| 11 *12* 13 | 14 *15* 16 | 17 *18* 19 | 9 *10* 11 |
| 10 *11* 12 | 18 *19* 20 | 14 *15* 16 | 13 *14* 15 |

| 9 10 11 | *4* 5 *6* | *1* 2 *3* | *18* 19 *20* |
| *12* 13 *14* | *14* 15 *16* | *0* 1 *2* | *16* 17 *18* |

6	9	*10*	17	3	10	*0*
7	*10*	11	*18*	4	*11*	*1*
8	11	*12*	19	*5*	*12*	2

13 14 15	*18* *19* 20
1 *2* 3	14 *15* *16*
11 *12* 13	*15* *16* 17
7 *8* 9	*16* *17* 18

14 Zahlen bis 20 Zahlreihe bis 20

Zahlreihen vorwärts und rückwärts ergänzen

| 10 | 11 | 12 | 13 | 14 | 15 | 16 |

| 17 | 16 | 15 | 14 | 13 | 12 | 11 |

| 9 | 8 | 7 | 6 | 5 | 4 | 3 |

| 8 | 9 | 10 | 11 | 12 | 13 | 14 |

| 15 | 14 | 13 | 12 | 11 | 10 | 9 | 8 | 7 |

| 17 | 16 | 15 | 14 | 13 | 12 | 11 | 10 | 9 | 8 |

| 14 | 13 | 12 | 11 | 10 | 9 | 8 | 7 | 6 |

| 8 | 9 | 10 | 11 | 12 | 13 | 14 | 15 |

| 11 | 12 | 13 | 14 | 15 | 16 | 17 | 18 | 19 | 20 | 21 | 22 |

16	13	20
15	14	19
14	15	18
13	16	17
12	17	16

Zahlen bis 20   Zahlreihe bis 20

Besondere Zahlenreihen fortsetzen

Immer 2 weiter

| 2 | 4 | 6 | 8 | 10 | 12 | 14 | 16 | 18 | 20 |

| 20 | 18 | 16 | 14 | 12 | 10 | 8 | 6 | | |

| 20 | 18 | 16 | 14 | 12 | 10 | 8 | 6 | 4 | |

| 1 | 3 | 5 | 7 | 9 | 11 | 13 | 15 | 17 | 19 |

| 19 | 17 | 15 | 13 | 11 | 9 | 7 | 5 | 3 | |

?

| 3 | 6 | 9 | 12 | 15 | 18 | 21 | 24 | 27 |

| 18 | 15 | 12 | 9 | 6 | 3 |

| 2 | 5 | 8 | 11 | 14 | 17 |

| 1 | 4 | 7 | 10 | 13 | 16 |

| | | | | | | |

16 Zahlen bis 20   Zahlreihe bis 20

Zahlen der Größe nach ordnen

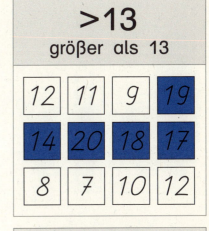

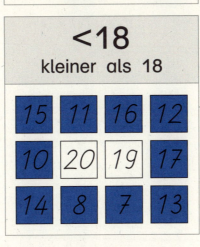

Zahlen bis 20 *Zahlen vergleichen*

Das passende Zeichen einsetzen

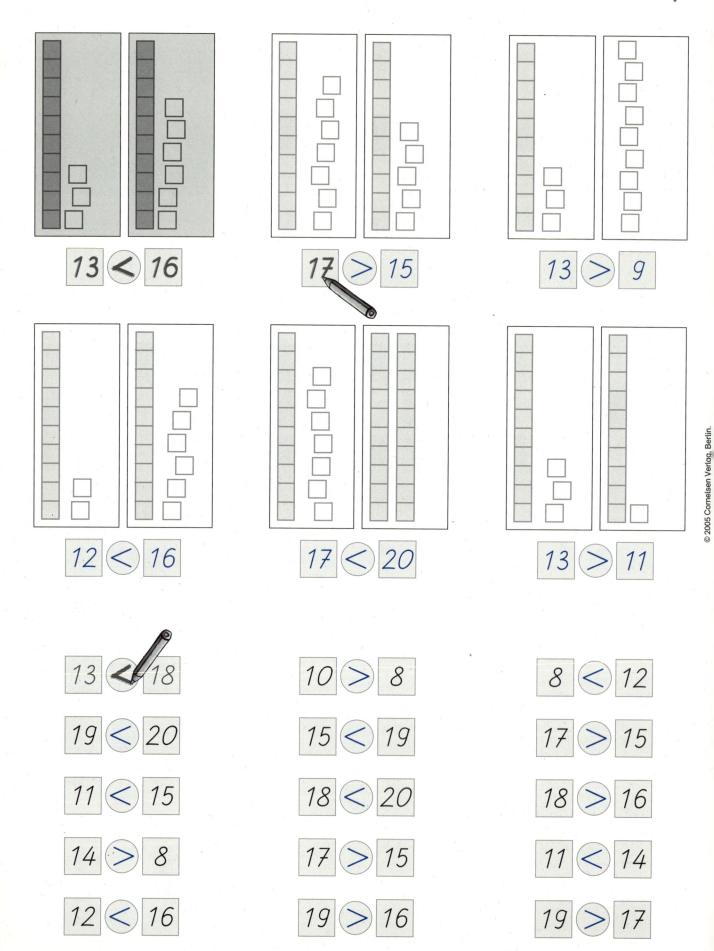

18 Zahlen bis 20 *Zahlen vergleichen*

Passende Zahlen suchen

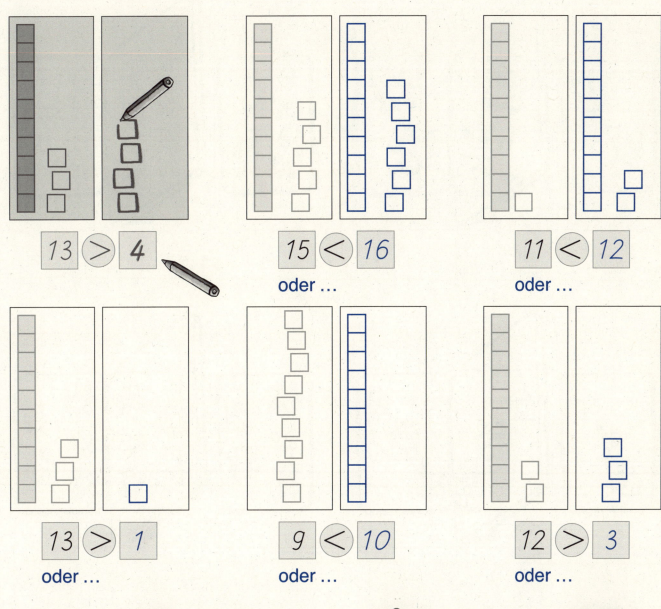

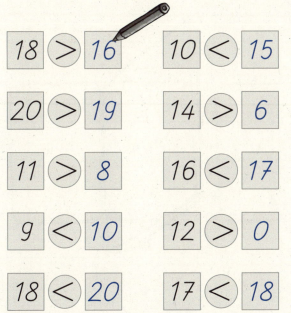

Zahlen bis 20 *Zahlen vergleichen*

Verdoppeln mit dem Spiegel

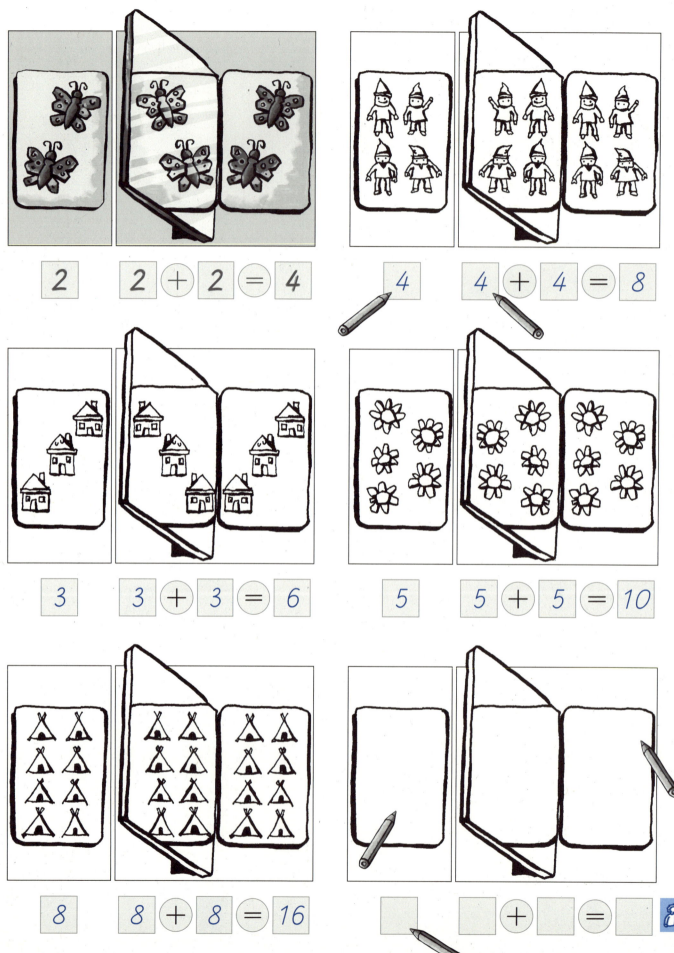

20 Zahlen bis 20 *Verdoppeln und halbieren*

Verdopplungsaufgaben erkennen und aufschreiben

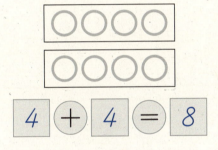

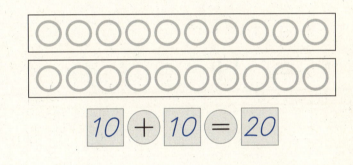

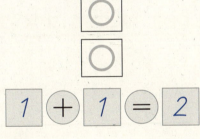

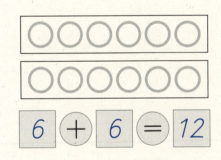

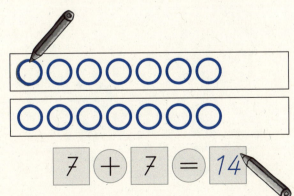

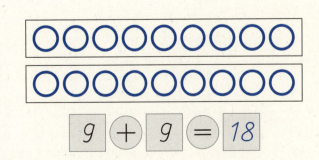

Zahlen bis 20 *Verdoppeln und halbieren*

Tabelle ergänzen

Kinder	Schuhe
1	2
4	8
7	14
2	4
5	10
10	20
8	16
3	6
9	18
6	12

Kinder	Schuhe
2	4
6	12
9	18
3	6
10	20
4	8
7	14
1	2
5	10
8	16

22 Zahlen bis 20 *Verdoppeln und halbieren*

Gerade und ungerade Zahlen kennen lernen

Zahlen bis 20 *Gerade und ungerade Zahlen*

Gerade und ungerade Zahlen erkennen und ausmalen

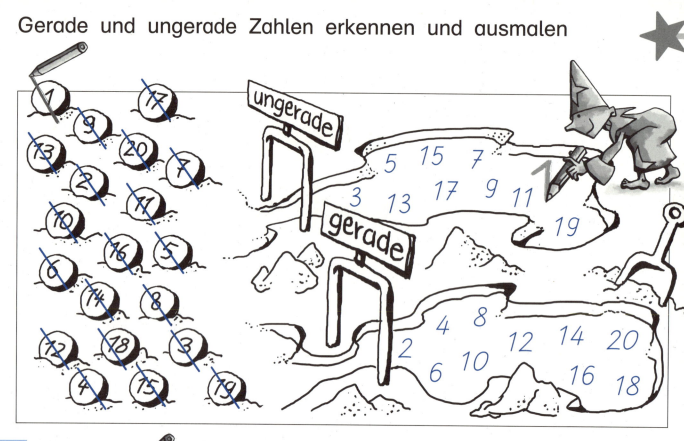

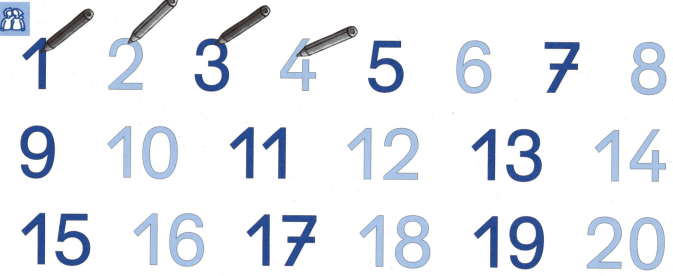

8 ist eine gerade Zahl, weil es 4 und 4 sind.

„Zehn" zusammenfassen

Zahlen bis 20 *Zehner und Einer*

Zahlen als Zehnerstange und Einzelne darstellen

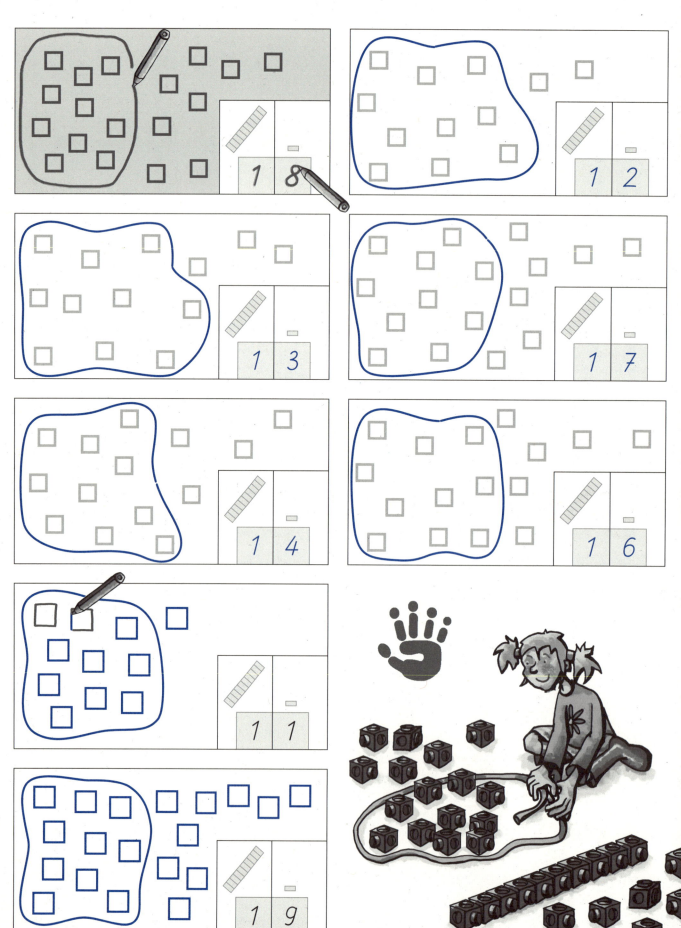

26 Zahlen bis 20 *Zehner und Einer*

Zahlen in Zehner und Einzelne zerlegen

11 = 10 + 1	Z E / 1 1
13 = 10 + 3	Z E / 1 3
17 = 10 + 7	Z E / 1 7
15 = 10 + 5	Z E / 1 5
18 = 10 + 8	Z E / 1 8
12 = 10 + 2	Z E / 1 2
16 = 10 + 6	Z E / 1 6
14 = 10 + 4	Z E / 1 4
19 = 10 + 9	Z E / 1 9
20 = 10 + 10	Z E / 2 0

Zahlen bis 20   *Zehner und Einer*

Verwandte Plusaufgaben kennen lernen

28 Verwandte Aufgaben *Verwandte Aufgaben kennen lernen*

Verwandte Minusaufgaben kennen lernen

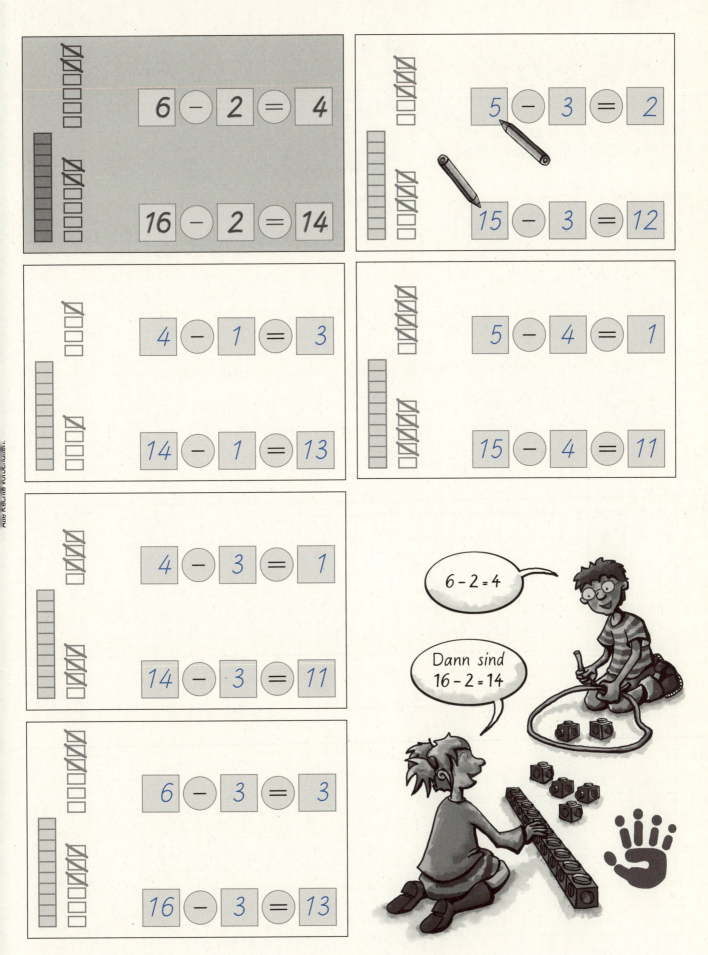

Verwandte Aufgaben verbinden

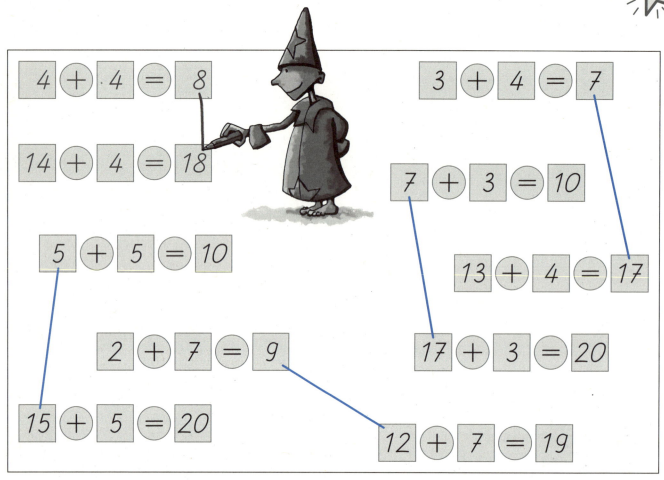

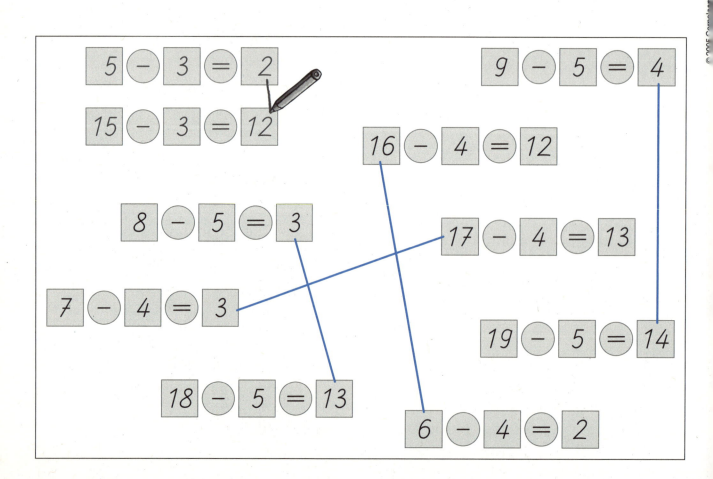

Verwandte Aufgaben in gleicher Farbe ausmalen

6 − 2 = 4	14 + 5 = 19	0 + 7 = 7
15 + 3 = 18	18 − 4 = 14	2 + 8 = 10
11 + 7 = 18	3 − 2 = 1	6 + 4 = 10
3 + 4 = 7	19 − 6 = 13	10 − 5 = 5
20 − 5 = 15	9 − 6 = 3	13 + 4 = 17
16 + 4 = 20	13 − 2 = 11	1 + 7 = 8
12 + 8 = 20	8 − 4 = 4	5 + 3 = 8
10 + 7 = 17	4 + 5 = 9	16 − 2 = 14

Verwandte Aufgaben   *Verwandte Aufgaben kennen lernen*

Hilfsaufgaben suchen

14 + 3 = 17
Hilfsaufgabe 4 + 3 = 7

19 − 3 = 16
Hilfsaufgabe 9 − 3 = 6

12 + 7 = 19
Hilfsaufgabe 2 + 7 = 9

17 − 4 = 13
Hilfsaufgabe 7 − 4 = 3

16 + 3 = 19
Hilfsaufgabe 6 + 3 = 9

16 − 5 = 11
Hilfsaufgabe 6 − 5 = 1

13 + 5 = 18
Hilfsaufgabe 3 + 5 = 8

18 − 6 = 12
Hilfsaufgabe 8 − 6 = 2

17 + 2 = 19
Hilfsaufgabe 7 + 2 = 9

15 − 2 = 13
Hilfsaufgabe 5 − 2 = 3

11 + 6 = 17
Hilfsaufgabe 1 + 6 = 7

19 − 7 = 12
Hilfsaufgabe 9 − 7 = 2

15 + 4 = 19
Hilfsaufgabe 5 + 4 = 9

14 − 3 = 11
Hilfsaufgabe 4 − 3 = 1

32 Verwandte Aufgaben *Verwandte Aufgaben kennen lernen*

Verwandte Aufgaben ausrechnen

2 + 4 = 6
12 + 4 = 16

4 + 4 = 8
14 + 4 = 18

3 + 5 = 8
13 + 5 = 18

2 + 7 = 9
12 + 7 = 19

2 + 3 = 5
12 + 3 = 15

6 + 4 = 10
16 + 4 = 20

3 + 4 = 7
13 + 4 = 17

2 + 5 = 7
12 + 5 = 17

2 + 6 = 8
12 + 6 = 18

4 + 5 = 9
14 + 5 = 19

3 + 7 = 10
13 + 7 = 20

7 − 3 = 4
17 − 3 = 14

9 − 4 = 5
19 − 4 = 15

5 − 4 = 1
15 − 4 = 11

8 − 5 = 3
18 − 5 = 13

9 − 5 = 4
19 − 5 = 14

8 − 6 = 2
18 − 6 = 12

9 − 7 = 2
19 − 7 = 12

10 − 7 = 3
20 − 7 = 13

8 − 4 = 4
18 − 4 = 14

Verwandte Aufgaben   *Mit verwandten Aufgaben rechnen*

Mit gleichen Rechenbefehlen rechnen

+2 →		+4 →		+3 →	
8	10	4	8	1	4
18	20	14	18	11	14
2	4	6	10	5	8
12	14	16	20	15	18
7	9	3	7	2	5
17	19	13	17	12	15

−3 →		−5 →		−4 →	
4	1	8	3	10	6
14	11	18	13	20	16
3	0	7	2	5	1
13	10	17	12	15	11
7	4	9	4	6	2
17	14	19	14	16	12

Verwandte Aufgaben   Mit verwandten Aufgaben rechnen

In Tabellen rechnen

+	2	4	1	3
7	9	11	8	10
17	19	21	18	20
6	8	10	7	9
16	18	20	17	19
5	7	9	6	8
15	17	19	16	18

+	1	2	0	6
1	2	3	1	7
11	12	13	11	17
4	5	6	4	10
14	15	16	14	20
2	3	4	2	8
12	13	14	12	18

−	2	4	3	6
6	4	2	3	0
16	14	12	13	10
7	5	3	4	1
17	15	13	14	11
8	6	4	5	2
18	16	14	15	12

−	8	6	5	7
8	0	2	3	1
18	10	12	13	11
9	1	3	4	2
19	11	13	14	12
10	2	4	5	3
20	12	14	15	13

Verwandte Aufgaben *Mit verwandten Aufgaben rechnen*

Verwandte Plusaufgaben finden und berechnen

36 Verwandte Aufgaben *Mit verwandten Aufgaben rechnen*

Verwandte Minusaufgaben finden und berechnen

2
- 5 − 3 = 2 —— 15 − 3 = 12 **12**
- 6 − 4 = 2 —— 16 − 4 = 12
- 7 − 5 = 2 —— 17 − 5 = 12
- 8 − 6 = 2 —— 18 − 6 = 12
- 4 − 2 = 2 —— 14 − 2 = 12

oder …

4
- 9 − 5 = 4 —— 19 − 5 = 14 **14**
- 8 − 4 = 4 —— 18 − 4 = 14
- 7 − 3 = 4 —— 17 − 3 = 14
- 6 − 2 = 4 —— 16 − 2 = 14
- 5 − 1 = 4 —— 15 − 1 = 14

oder …

3
- 8 − 5 = 3 —— 18 − 5 = 13 **13**
- 7 − 4 = 3 —— 17 − 4 = 13
- 6 − 3 = 3 —— 16 − 3 = 13
- 5 − 2 = 3 —— 15 − 2 = 13
- 4 − 1 = 3 —— 14 − 1 = 13

oder …

Verwandte Aufgaben *Mit verwandten Aufgaben rechnen*

Verwandte Ergänzungsaufgaben zuordnen

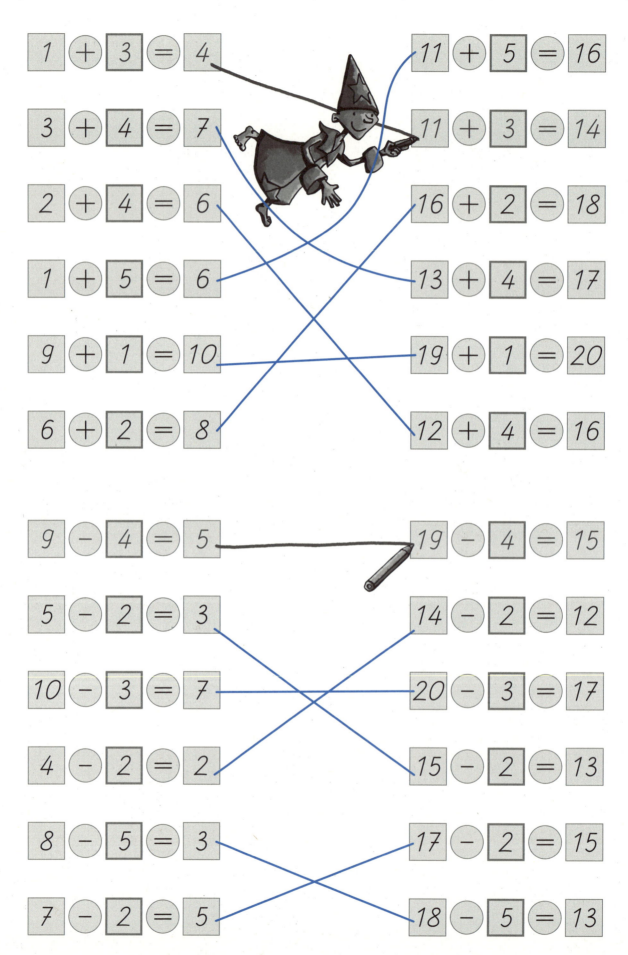

Hilfsaufgaben suchen

12 + 3 = 15	18 − 4 = 14
Hilfsaufgabe 2 + 3 = 5	Hilfsaufgabe 8 − 4 = 4
13 + 3 = 16	17 − 2 = 15
Hilfsaufgabe 3 + 3 = 6	Hilfsaufgabe 7 − 2 = 5
15 + 3 = 18	15 − 3 = 12
Hilfsaufgabe 5 + 3 = 8	Hilfsaufgabe 5 − 3 = 2
16 + 4 = 20	19 − 3 = 16
Hilfsaufgabe 6 + 4 = 10	Hilfsaufgabe 9 − 3 = 6
11 + 2 = 13	14 − 4 = 10
Hilfsaufgabe 1 + 2 = 3	Hilfsaufgabe 4 − 4 = 0
14 + 3 = 17	16 − 5 = 11
Hilfsaufgabe 4 + 3 = 7	Hilfsaufgabe 6 − 5 = 1
17 + 2 = 19	20 − 3 = 17
Hilfsaufgabe 7 + 2 = 9	Hilfsaufgabe 10 − 3 = 7

Verwandte Aufgaben   *Mit verwandten Aufgaben rechnen*

Verwandte Ergänzungsaufgaben berechnen

| 4 + 2 = 6 | 3 + 3 = 6 | 4 + 4 = 8 |
| 14 + 2 = 16 | 13 + 3 = 16 | 14 + 4 = 18 |

| | 3 + 2 = 5 | 5 + 4 = 9 |
| | 13 + 2 = 15 | 15 + 4 = 19 |

| | 6 + 3 = 9 | 2 + 5 = 7 |
| | 16 + 3 = 19 | 12 + 5 = 17 |

| 7 − 2 = 5 | 4 − 3 = 1 | 7 − 4 = 3 |
| 17 − 2 = 15 | 14 − 3 = 11 | 17 − 4 = 13 |

| 8 − 4 = 4 | 4 − 1 = 3 | 6 − 2 = 4 |
| 18 − 4 = 14 | 14 − 1 = 13 | 16 − 2 = 14 |

| 5 − 4 = 1 | 6 − 4 = 2 | 9 − 3 = 6 |
| 15 − 4 = 11 | 16 − 4 = 12 | 19 − 3 = 16 |

Den gleichen Rechenbefehl finden

1 +7 → 8   2 +5 → 7   4 +2 → 6
11 +7 → 18   12 +5 → 17   14 +2 → 16

7 +3 → 10   3 +6 → 9   5 +5 → 10
17 +3 → 20   13 +6 → 19   15 +5 → 20

5 −1 → 4   6 −3 → 3   9 −7 → 2
15 −1 → 14   16 −3 → 13   19 −7 → 12

4 −2 → 2
14 −2 → 12

Verwandte Aufgaben   *Mit verwandten Aufgaben rechnen*

Hilfsaufgaben suchen und berechnen

Hilfsaufgabe 3 + 5 = 8
13 + 5 = 18

Hilfsaufgabe 7 − 3 = 4
17 − 3 = 14

Hilfsaufgabe 1 + 4 = 5
11 + 4 = 15

Hilfsaufgabe 8 − 6 = 2
18 − 6 = 12

Hilfsaufgabe 4 + 5 = 9
14 + 5 = 19

Hilfsaufgabe 7 − 4 = 3
17 − 4 = 13

Hilfsaufgabe 3 + 5 = 8
13 + 5 = 18

Hilfsaufgabe 9 − 4 = 5
19 − 4 = 15

Hilfsaufgabe 5 + 2 = 7
15 + 2 = 17

Hilfsaufgabe 5 − 4 = 1
15 − 4 = 11

Hilfsaufgabe 2 + 4 = 6
12 + 4 = 16

Hilfsaufgabe 4 − 2 = 2
14 − 2 = 12

Hilfsaufgabe 7 + 3 = 10
17 + 3 = 20

Hilfsaufgabe 6 − 3 = 3
16 − 3 = 13

Verwandte Aufgaben *Mit verwandten Aufgaben rechnen*

Rechnung und Ergebnis verbinden

13 + 6 — 19
14 + 2 — 16
15 + 5 — 20
12 + 2 — 17
16 + 2 — 14
11 + 6 — 15
10 + 5 — 18

16 − 1 — 14
16 − 2 — 15
16 − 3 — 12
16 − 4 — 13
16 − 5 — 16
16 − 6 — 10
16 − 0 — 11

19 — 14 + 3
16 — 12 + 4
17 — 14 + 5
20 — 13 + 5
15 — 11 + 3
18 — 16 + 4
14 — 11 + 4

3 + 6 = 9

13 + 6 =

Verwandte Aufgaben · *Mit verwandten Aufgaben rechnen* 43

Rechnen und Ergebnisfeld ausmalen

12 schwarz   13 rot   14 orange   15 rosa   16 gelb
17 blau   18 grün   19 braun   20 grau

Zu Sachsituationen die passenden Rechenoperationen finden

- Kreise das passende Rechenzeichen ein.

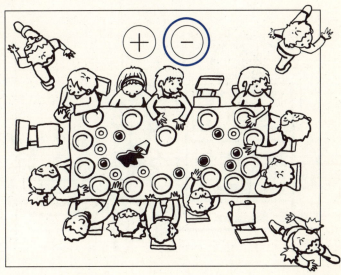

- Male selbst passende Bilder.

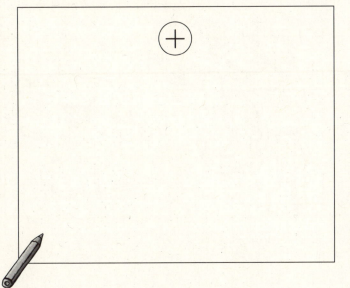

Rechnen bis 20   *Rechenaufgaben mit Hilfe von Bildern lösen*

Zu Sachsituationen die passenden Rechenaufgaben finden

• Schreibe zu jedem Bild eine passende Rechenaufgabe.

6   Rechnen bis 20   *Rechenaufgaben mit Hilfe von Bildern lösen*

Punktebilder bei Plusaufgaben nutzen

• Schreibe zu jedem Bild eine Plusaufgabe.

●●●●●●● ○○○○○   7 + 5 = 12

●●●●● ○○○○○ ○○○○   5 + 9 = 14

●●●●●● ○○○○○ ○○   6 + 7 = 13

●●●●●●●●● ○○○○   9 + 4 = 13

●●●●● ○○○○○ ○○○   5 + 8 = 13

●●●●●● ○○○○○   6 + 5 = 11

●●●●●●●● ○○○○○ ○○   8 + 7 = 15

• Zeichne zu jeder Plusaufgabe ein Bild.

4 + 8 = 12   ●●●● ○○○○○ ○○○

7 + 7 = 14   ●●●●●●● ○○○○○ ○○

9 + 8 = 17   ●●●●●●●●● ○○○○○ ○○○

8 + 5 = 13   ●●●●●●●● ○○○○○

9 + 7 = 16   ●●●●●●●●● ○○○○○ ○○

Rechnen bis 20 *Rechenaufgaben mit Hilfe von Bildern lösen*

Punktebilder bei Minusaufgaben nutzen

- Schreibe zu jedem Bild eine Minusaufgabe.

12 − 4 = 8
11 − 7 = 4
16 − 8 = 8
14 − 5 = 9
11 − 3 = 8
15 − 7 = 8
12 − 8 = 4

- Zeichne zu jeder Minusaufgabe ein Bild.

18 − 9 = 9
13 − 7 = 6
17 − 8 = 9
12 − 5 = 7
11 − 5 = 6

8   Rechnen bis 20   *Rechenaufgaben mit Hilfe von Bildern lösen*

Rechenaufgaben am Zahlenstrahl ablesen

- Lies die Plusaufgabe ab und schreibe sie auf.

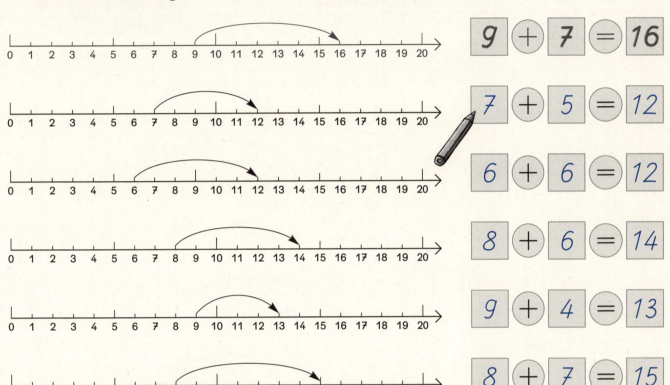

- Lies die Minusaufgabe ab und schreibe sie auf.

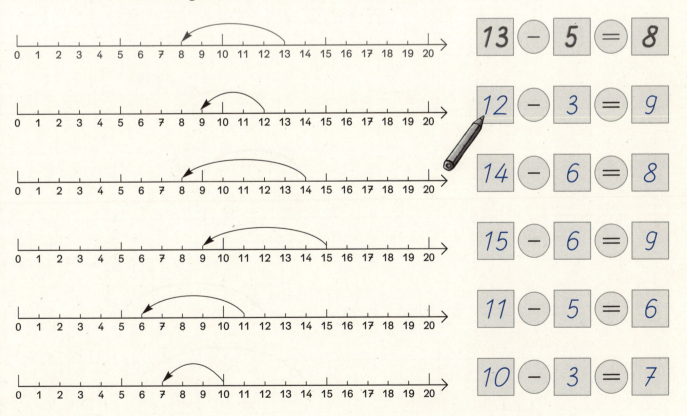

Rechnen bis 20 *Rechenaufgaben mit Hilfe von Bildern lösen*

Rechenaufgaben am Zahlenstrahl einzeichnen

- Zeichne die Plusaufgabe ein und löse sie.

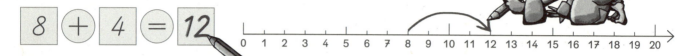

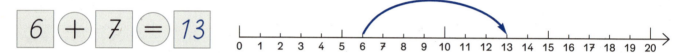

- Zeichne die Minusaufgabe ein und löse sie.

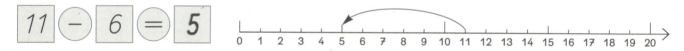
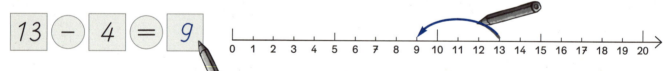

15 − 8 = 7

Rechnen bis 20 *Rechenaufgaben mit Hilfe von Bildern lösen*

Am Zahlenstrahl rechnen

- Rechne mit dem Zahlenstrahl.

```
|—|—|—|—|—|—|—|—|—|—|—|—|—|—|—|—|—|—|—|—|→
0  1  2  3  4  5  6  7  8  9 10 11 12 13 14 15 16 17 18 19 20
```

8 + 4 = 12   4 + 9 = 13
5 + 6 = 11   7 + 5 = 12

9 + 4 = 13   7 + 4 = 11   8 + 8 = 16
6 + 6 = 12   8 + 5 = 13   5 + 8 = 13
7 + 8 = 15   6 + 7 = 13   4 + 7 = 11
5 + 9 = 14   9 + 3 = 12   6 + 8 = 14

12 − 5 = 7   14 − 6 = 8   17 − 8 = 9
11 − 6 = 5   15 − 8 = 7   13 − 5 = 8
13 − 7 = 6   13 − 6 = 7   14 − 7 = 7
16 − 8 = 8   18 − 9 = 9   11 − 5 = 6

15 − 7 = 8   15 − 9 = 6   14 − 5 = 9
16 − 7 = 9   12 − 6 = 6   17 − 9 = 8

Rechnen bis 20   *Rechenaufgaben mit Hilfe von Bildern lösen*

Verschiedene Rechenhilfen erproben

• Zeichne, wie du und andere rechnen.

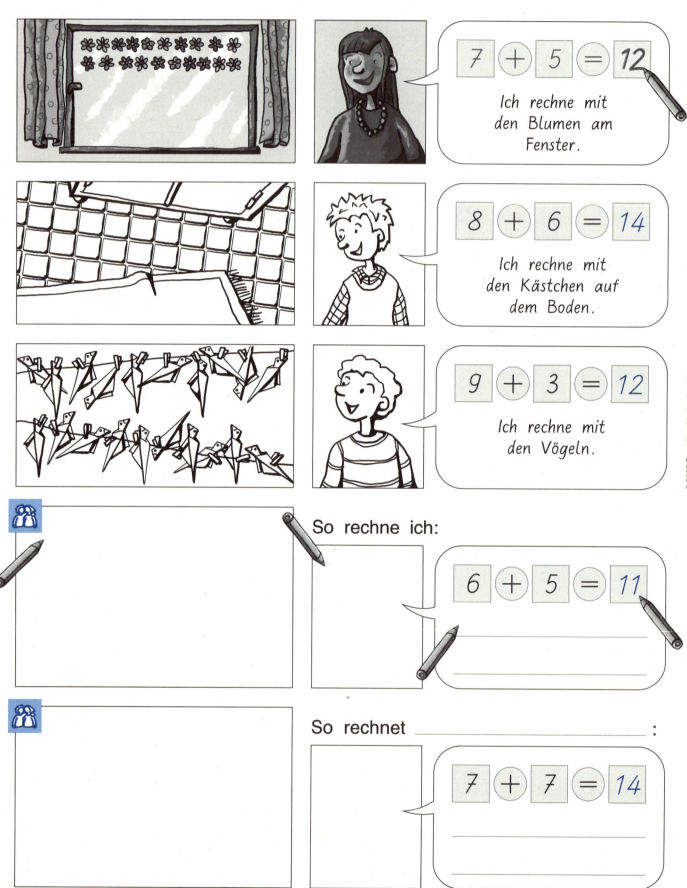

12 Rechnen bis 20 *Rechenaufgaben mit Hilfe von Bildern lösen*

Tauschaufgaben als Rechenhilfe erkennen

- Finde die Tauschaufgabe und schreibe sie auf.

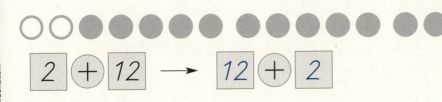

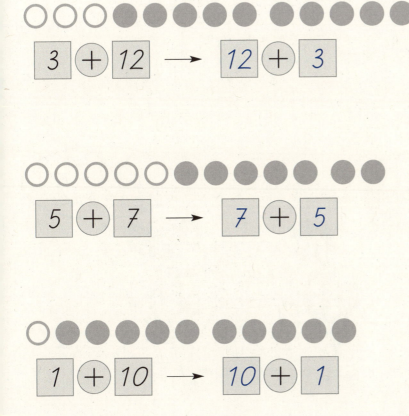

Rechnen bis 20   *Verschiedene Rechenhilfen kennen lernen und erproben*   13

Tauschaufgaben als Rechenhilfe anwenden

- Finde die Tauschaufgabe und rechne.

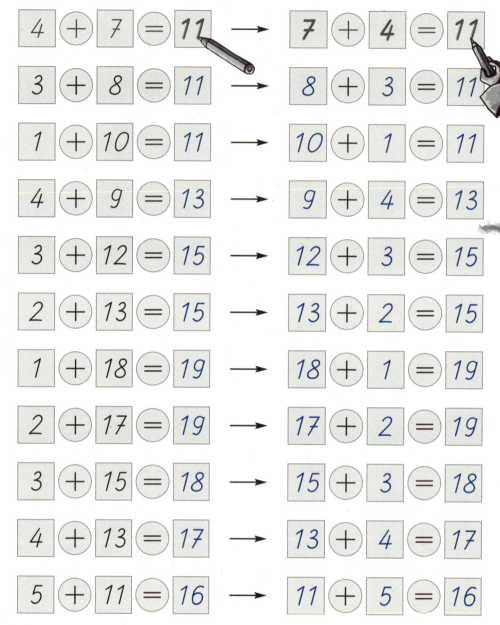

4 + 7 = 11 → 7 + 4 = 11
3 + 8 = 11 → 8 + 3 = 11
1 + 10 = 11 → 10 + 1 = 11
4 + 9 = 13 → 9 + 4 = 13
3 + 12 = 15 → 12 + 3 = 15
2 + 13 = 15 → 13 + 2 = 15
1 + 18 = 19 → 18 + 1 = 19
2 + 17 = 19 → 17 + 2 = 19
3 + 15 = 18 → 15 + 3 = 18
4 + 13 = 17 → 13 + 4 = 17
5 + 11 = 16 → 11 + 5 = 16

So einfach finde ich die Tauschaufgabe.

Nachbar-Plusaufgaben lösen

- Rechne.

5 + 5 = 10	9 + 1 = 10	6 + 8 = 14
5 + 6 = 11	9 + 2 = 11	6 + 9 = 15
7 + 7 = 14	8 + 4 = 12	7 + 4 = 11
7 + 8 = 15	8 + 5 = 13	7 + 5 = 12
6 + 6 = 12	4 + 5 = 9	9 + 2 = 11
6 + 7 = 13	4 + 6 = 10	9 + 3 = 12
8 + 8 = 16	5 + 8 = 13	8 + 7 = 15
8 + 9 = 17	5 + 9 = 14	8 + 8 = 16
7 + 4 = 11	2 + 8 = 10	3 + 6 = 9
7 + 5 = 12	2 + 9 = 11	3 + 7 = 10
7 + 6 = 13	2 + 10 = 12	3 + 8 = 11
7 + 7 = 14	2 + 11 = 13	3 + 9 = 12
5 + 6 = 11		
5 + 7 = 12		
5 + 8 = 13		
5 + 9 = 14		

Rechnen bis 20   *Verschiedene Rechenhilfen kennen lernen und erproben*

Beide Nachbar-Plusaufgaben lösen

• Löse die beiden Nachbaraufgaben.

5 + 4 = 9	7 + 6 = 13
5 + 5 = 10	7 + 7 = 14
5 + 6 = 11	7 + 8 = 15

8 + 4 = 12	6 + 5 = 11
8 + 5 = 13	6 + 6 = 12
8 + 6 = 14	6 + 7 = 13

9 + 6 = 15	4 + 7 = 11
9 + 7 = 16	4 + 8 = 12
9 + 8 = 17	4 + 9 = 13

| 7 + 5 = 12 |
| 7 + 6 = 13 |
| 7 + 7 = 14 |

| 8 + 7 = 15 |
| 8 + 8 = 16 |
| 8 + 9 = 17 |

5 + 5 = 10
5 + 4 = 9
5 + 6 = 11

16 Rechnen bis 20 *Verschiedene Rechenhilfen kennen lernen und erproben*

Nachbar-Plusaufgaben finden und lösen

- Berechne die vorgegebene Aufgabe.
- Finde die beiden Nachbaraufgaben und löse sie.

6 + 5 = 11   6 + 6 = 12   8 + 3 = 11
6 + 6 = 12   6 + 7 = 13   8 + 4 = 12
6 + 7 = 13   6 + 8 = 14   8 + 5 = 13

9 + 6 = 15   8 + 4 = 12   7 + 4 = 11
9 + 7 = 16   8 + 5 = 13   7 + 5 = 12
9 + 8 = 17   8 + 6 = 14   7 + 6 = 13

6 + 7 = 13   9 + 4 = 13   8 + 7 = 15
6 + 8 = 14   9 + 5 = 14   8 + 8 = 16
6 + 9 = 15   9 + 6 = 15   8 + 9 = 17

- Finde selbst Aufgaben und Nachbaraufgaben.

☐ + ☐ = ☐   ☐ + ☐ = ☐   ☐ + ☐ = ☐

☐ + ☐ = ☐   ☐ + ☐ = ☐   ☐ + ☐ = ☐

Rechnen bis 20   *Verschiedene Rechenhilfen kennen lernen und erproben*

Nachbar-Minusaufgaben lösen

- Rechne.

| 10 − 5 = 5 | 9 − 4 = 5 | 12 − 3 = 9 |
| 10 − 6 = 4 | 9 − 5 = 4 | 12 − 4 = 8 |

| 11 − 1 = 10 | 13 − 5 = 8 | 14 − 6 = 8 |
| 11 − 2 = 9 | 13 − 6 = 7 | 14 − 7 = 7 |

| 12 − 5 = 7 | 15 − 5 = 10 | 16 − 8 = 8 |
| 12 − 6 = 6 | 15 − 6 = 9 | 16 − 9 = 7 |

| 13 − 3 = 10 | 17 − 8 = 9 | 18 − 8 = 10 |
| 13 − 4 = 9 | 17 − 9 = 8 | 18 − 9 = 9 |

14 − 5 = 9	13 − 6 = 7	15 − 5 = 10
14 − 6 = 8	13 − 7 = 6	15 − 6 = 9
14 − 7 = 7	13 − 8 = 5	15 − 7 = 8
14 − 8 = 6	13 − 9 = 4	15 − 8 = 7

| 11 − 2 = 9 |
| 11 − 3 = 8 |
| 11 − 4 = 7 |
| 11 − 5 = 6 |

18 Rechnen bis 20 *Verschiedene Rechenhilfen kennen lernen und erproben*

Beide Nachbar-Minusaufgaben lösen

- Löse die beiden Nachbaraufgaben.

10 − 4 = 6	12 − 5 = 7
10 − 5 = 5	12 − 6 = 6
10 − 6 = 4	12 − 7 = 5

13 − 4 = 9	15 − 5 = 10
13 − 5 = 8	15 − 6 = 9
13 − 6 = 7	15 − 7 = 8

18 − 8 = 10	11 − 3 = 8
18 − 9 = 9	11 − 4 = 7
18 − 10 = 8	11 − 5 = 6

14 − 5 = 9
14 − 6 = 8
14 − 7 = 7

16 − 8 = 8
16 − 9 = 7
16 − 10 = 6

Rechnen bis 20   *Verschiedene Rechenhilfen kennen lernen und erproben*

Nachbar-Minusaufgaben finden und lösen

- Berechne die vorgegebene Aufgabe.
- Finde die beiden Nachbaraufgaben und löse sie.

12 − 2 = 10	11 − 4 = 7	14 − 5 = 9
12 − 3 = 9	11 − 5 = 6	14 − 6 = 8
12 − 4 = 8	11 − 6 = 5	14 − 7 = 7

13 − 4 = 9	15 − 8 = 7	11 − 1 = 10
13 − 5 = 8	15 − 9 = 6	11 − 2 = 9
13 − 6 = 7	15 − 10 = 5	11 − 3 = 8

14 − 6 = 8	15 − 5 = 10	16 − 7 = 9
14 − 7 = 7	15 − 6 = 9	16 − 8 = 8
14 − 8 = 6	15 − 7 = 8	16 − 9 = 7

- Finde selbst Aufgaben und Nachbaraufgaben.

  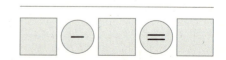

Rechnen bis 20   *Verschiedene Rechenhilfen kennen lernen und erproben*

Tausch- und Nachbaraufgaben – Knobelecke

- Finde möglichst viele Lösungen.

oder ...

Rechnen bis 20   *Verschiedene Rechenhilfen kennen lernen und erproben*

Treppenaufgaben fortsetzen

- Rechne und setze die Aufgabenreihen fort.

5 + 6 = 11	6 + 6 = 12	7 + 8 = 15
5 + 7 = 12	7 + 6 = 13	6 + 9 = 15
5 + 8 = 13	8 + 6 = 14	5 + 10 = 15
5 + 9 = 14	9 + 6 = 15	4 + 11 = 15
5 + 10 = 15	10 + 6 = 16	3 + 12 = 15

13 − 6 = 7	12 − 6 = 6	11 − 3 = 8
13 − 7 = 6	13 − 6 = 7	12 − 4 = 8
13 − 8 = 5	14 − 6 = 8	13 − 5 = 8
13 − 9 = 4	15 − 6 = 9	14 − 6 = 8
13 − 10 = 3	16 − 6 = 10	15 − 7 = 8

- Erfinde selbst Treppenaufgaben.

22 Rechnen bis 20 Verschiedene Rechenhilfen kennen lernen und erproben

Plus-9- und Minus-9-Aufgaben als Nachbaraufgaben rechnen

 5

- Rechne.

3 + 10 = 13   2 + 10 = 12   10 + 4 = 14
3 + 9 = 12   2 + 9 = 11   9 + 4 = 13

5 + 10 = 15   6 + 10 = 16   10 + 6 = 16
5 + 9 = 14   6 + 9 = 15   9 + 6 = 15

8 + 10 = 18   1 + 10 = 11   10 + 2 = 12
8 + 9 = 17   1 + 9 = 10   9 + 2 = 11

4 + 10 = 14   7 + 10 = 17   10 + 8 = 18
4 + 9 = 13   7 + 9 = 16   9 + 8 = 17

12 − 10 = 2   17 − 10 = 7   14 − 10 = 4
12 − 9 = 3   17 − 9 = 8   14 − 9 = 5

15 − 10 = 5   13 − 10 = 3   16 − 10 = 6
15 − 9 = 6   13 − 9 = 4   16 − 9 = 7

18 − 10 = 8   11 − 10 = 1   19 − 10 = 9
18 − 9 = 9   11 − 9 = 2   19 − 9 = 10

Rechnen bis 20   *Verschiedene Rechenhilfen kennen lernen und erproben*   23

Aufgaben und Umkehraufgaben aufschreiben

- Schreibe die Plusaufgabe und die dazu passende Minusaufgabe auf.

14 →+3/−3→ 17	14 + 3 = 17	17 − 3 = 14
8 →+4/−4→ 12	8 + 4 = 12	12 − 4 = 8
9 →+2/−2→ 11	9 + 2 = 11	11 − 2 = 9
9 →+5/−5→ 14	9 + 5 = 14	14 − 5 = 9
6 →+7/−7→ 13	6 + 7 = 13	13 − 7 = 6

- Schreibe die Minusaufgabe und die dazu passende Plusaufgabe auf.

13 →−5/+5→ 8	13 − 5 = 8	8 + 5 = 13
12 →−6/+6→ 6	12 − 6 = 6	6 + 6 = 12
15 →−8/+8→ 7	15 − 8 = 7	7 + 8 = 15
11 →−2/+2→ 9	11 − 2 = 9	9 + 2 = 11
14 →−6/+6→ 8	14 − 6 = 8	8 + 6 = 14

24 Rechnen bis 20 *Verschiedene Rechenhilfen kennen lernen und erproben*

Zu Plus- und Minusaufgaben die Umkehraufgaben finden

• Löse die Plusaufgabe und schreibe die Umkehraufgabe dazu.

12 + 3 = 15   15 − 3 = 12
7 + 6 = 13   13 − 6 = 7
9 + 5 = 14   14 − 5 = 9
14 + 2 = 16   16 − 2 = 14
5 + 7 = 12   12 − 7 = 5
8 + 4 = 12   12 − 4 = 8

• Löse die Minusaufgabe und schreibe die Umkehraufgabe dazu.

12 − 4 = 8   8 + 4 = 12
15 − 3 = 12   12 + 3 = 15
17 − 1 = 16   16 + 1 = 17
11 − 2 = 9   9 + 2 = 11
13 − 7 = 6   6 + 7 = 13
12 − 6 = 6   6 + 6 = 12

Rechnen bis 20   *Verschiedene Rechenhilfen kennen lernen und erproben*

Lösungen mit Hilfe der Umkehraufgaben finden

- Schreibe zunächst die Umkehraufgabe auf.
- Trage dann die Lösung ein.

Aufgabe	Umkehraufgabe
16 + 3 = 19	19 − 3 = 16
5 + 7 = 12	12 − 7 = 5
9 + 5 = 14	14 − 5 = 9
10 + 2 = 12	12 − 2 = 10
8 + 3 = 11	11 − 3 = 8
19 + 1 = 20	20 − 1 = 19
8 + 5 = 13	13 − 5 = 8
12 − 4 = 8	8 + 4 = 12
16 − 4 = 12	12 + 4 = 16
13 − 2 = 11	11 + 2 = 13
12 − 5 = 7	7 + 5 = 12
16 − 8 = 8	8 + 8 = 16
13 − 6 = 7	7 + 6 = 13
14 − 5 = 9	9 + 5 = 14

Rechnen bis 20 — *Verschiedene Rechenhilfen kennen lernen und erproben*

Zu 3 Zahlen alle passenden Aufgaben finden

• Schreibe zu den Zahlen die passenden Plus- und Minusaufgaben.

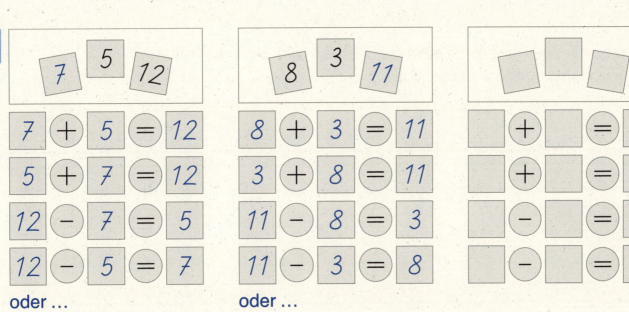

oder …   oder …

Rechnen bis 20   *Verschiedene Rechenhilfen kennen lernen und erproben*

Rechenaufgaben finden

14	20	3	5	10	9	3	9	6	7	5	9	14	17
7	17	11	7	4	11	4	2	8	9	12	10	18	15
20	12	16	2	12	8	5	11	13	8	4	14	1	3
15	4	8	6	19	13	10	5	4	7	9	11	10	7
14	16	11	2	9	20	13	6	18	15	5	16	8	6
19	8	18	8	12	8	20	10	17	7	4	2	5	15
11	3	1	12	20	9	8	5	12	3	12	15	13	7

- Kreise 3 zueinander passende Zahlen ein und schreibe 4 Rechenaufgaben dazu auf.

5 + 9 = 14	8 + 7 = 15	6 + 2 = 8
9 + 5 = 14	7 + 8 = 15	2 + 6 = 8
14 − 5 = 9	15 − 8 = 7	8 − 6 = 2
14 − 9 = 5	15 − 7 = 8	8 − 2 = 6

8 + 5 = 13	9 + 2 = 11	4 + 7 = 11
5 + 8 = 13	2 + 9 = 11	7 + 4 = 11
13 − 8 = 5	11 − 9 = 2	11 − 4 = 7
13 − 5 = 8	11 − 2 = 9	11 − 7 = 4

oder ...

Rechnen bis 20   Verschiedene Rechenhilfen kennen lernen und erproben

Aufgaben in Rechenschritte zerlegen

- Schreibe auf, wie du rechnen kannst.

- Finde mehrere Möglichkeiten.

Rechnen und ausmalen

• Rechne und male das Ergebnis mit der vorgegebenen Farbe aus.

7 rot   8 blau   9 gelb   13 grün   15 braun

30 Rechnen bis 20 *Rechnen bis 20 üben*

Rechnen und Lösungssatz bestimmen

- Rechne die Aufgabe aus und trage den passenden Buchstaben ein.

8 + 7 = 15   I
12 − 9 = 3   CH
7 + 4 = 11   K
15 − 7 = 8   A
9 + 5 = 14   N
18 − 4 = 14   N

15 − 8 = 7   P
8 + 5 = 13   R
9 + 6 = 15   I
12 − 6 = 6   M
12 − 4 = 8   A

7 + 6 = 13   R
16 − 14 = 2   E
11 − 8 = 3   CH
8 + 6 = 14   N
13 − 11 = 2   E
7 + 7 = 14   N

Lösungssatz

ICH KANN PRIMA RECHNEN.

Rechnen bis 20   *Rechnen bis 20 üben*   31

Die passenden Rechenzeichen einsetzen

- Setze + oder – ein.

13 – 4 = 9
11 – 7 = 4
8 + 9 = 17
14 – 8 = 6

7 + 6 = 13
11 – 9 = 2
18 – 8 = 10
12 – 5 = 7

8 + 8 = 16
11 – 10 = 1
9 + 5 = 14
9 + 9 = 18

7 + 5 = 12
12 – 9 = 3
14 + 6 = 20
8 + 7 = 15

12 + 6 = 18
19 – 2 = 17
20 – 16 = 4
11 + 3 = 14

19 – 17 = 2
16 + 3 = 19
11 + 9 = 20
18 – 7 = 11

Rechenfehler berichtigen

- Berichtige falsche Zahlen und Rechenzeichen.
  (Es sind insgesamt 10 Fehler.)

18 ~~+~~ 5 = 13 (−)

8 + 8 = 16

15 − 7 = ~~9~~ 8
oder 15 − 6 = 9

17 − 6 = 11

10 ~~+~~ 10 = 0 (−)
oder 10 + 10 = 20

16 − 4 = 12

18 ~~+~~ 9 = 9 (−)

14 + 4 = 18

14 − 6 = 8

7 ~~−~~ 7 = 14 (+)
oder 7 − 7 = 0

13 + 5 = 18

7 + 8 = ~~20~~ 15
oder 7 + 13 = 20

15 − 8 = 7

9 + 3 = 12

13 ~~+~~ 5 = 8 (−)
oder 13 + 5 = 18

20 − 6 = 14

11 − 3 = 8

8 − 6 = ~~10~~ 2

9 + 5 = 14

20 − 4 = 16

6 + 3 + 2 = 11

13 − 3 ~~−~~ 5 = 15 (+)
oder 13 − 3 − 5 = 5

8 + 8 + 2 = 18

7 + 3 + 4 = 14

6 + 3 + 4 = ~~12~~ 13
oder 6 + 3 + 3 = 12

14 − 3 + 5 = 16

Rechnen bis 20 Rechnen bis 20 üben 33

Rechendreiecke ergänzen

- Trage die fehlenden Zahlen ein.

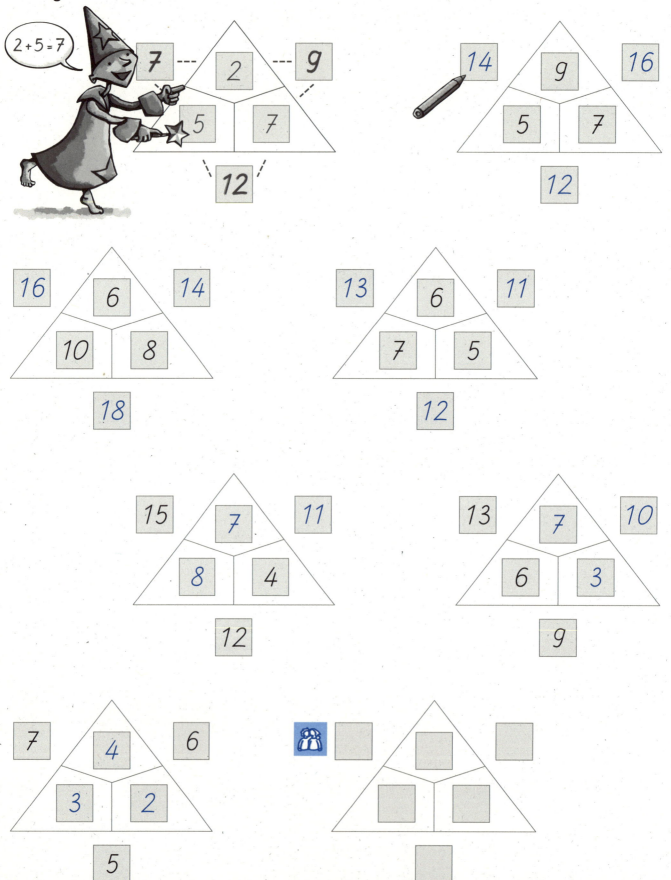

Rechenkästen ergänzen

- Trage die fehlenden Zahlen ein.

Zahlenvierecke ergänzen

- Trage die fehlenden Zahlen ein.

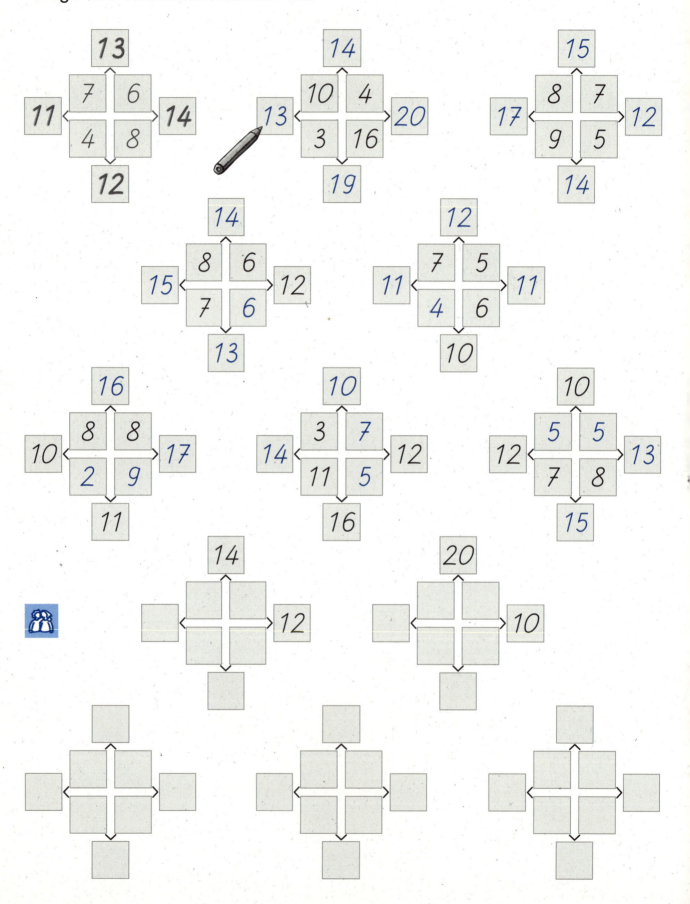

36 Rechnen bis 20 *Rechnen bis 20 üben*

Rechenquadrate erstellen

- Trage die Zahlen so ein, dass sich senkrecht ↓ und waagerecht → die angegebene Summe ergibt.

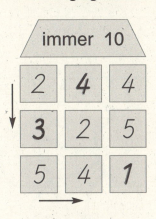

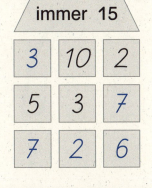
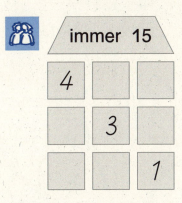
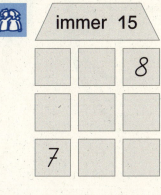

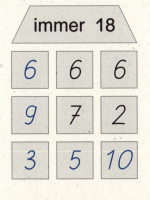

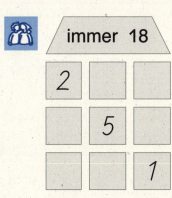

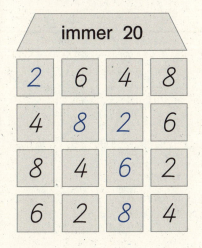
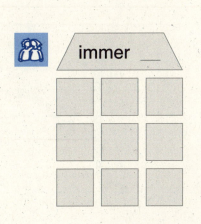
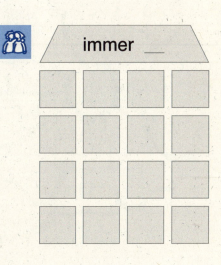

Rechnen bis 20 *Rechnen bis 20 üben* 37

Rechenblumen ergänzen

• Rechne und trage ein.

Rechnen bis 20   Rechnen bis 20 üben

Kleine Rechenmauern bauen

- Ergänze die Rechenmauern.

Große Rechenmauern bauen

- Ergänze die Rechenmauern.

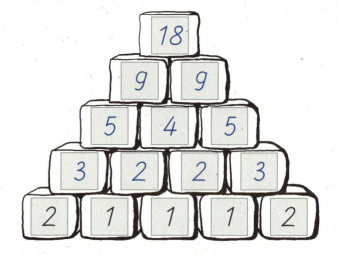

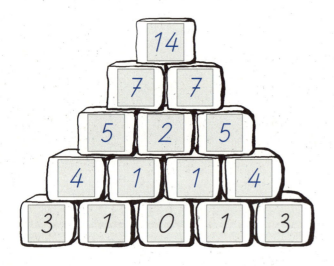

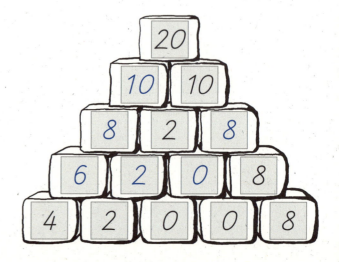

40 Rechnen bis 20 *Rechnen bis 20 üben*

Rechenmauern ergänzen

- Ergänze die Rechenmauern.

Würfelbilder berechnen

- Berechne die gewürfelte Zahl.
- Trage das richtige Zeichen ein.
- Kreise nur die Würfel ein, die zusammen mehr als 12 ergeben.

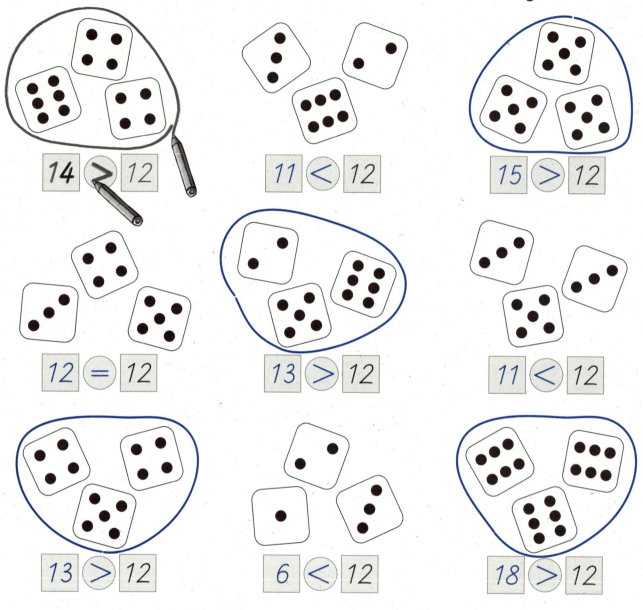

- Finde selbst Beispiele.

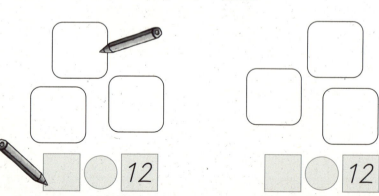
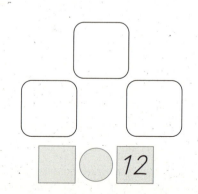

42 Rechnen bis 20 *Rechnen bis 20 üben*

Kettenaufgaben lösen

- Trage Rechenbefehle und Ergebnisse ein.

Rechenbefehle eintragen

- Trage die Pfeilrichtungen und passenden Rechenbefehle ein.

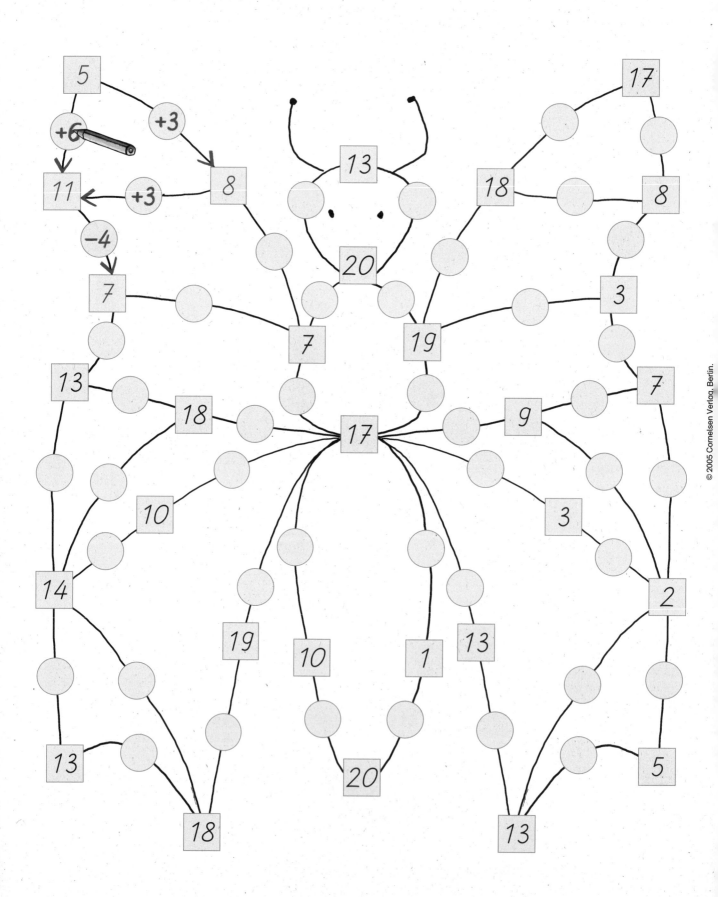

44 Rechnen bis 20 *Rechnen bis 20 üben*

Mit der richtigen Farbe ausmalen

- Male die Münzen und Scheine mit der richtigen Farbe aus.

Geld *Scheine und Münzen kennen lernen*

Geldwerte benennen

- Bestimme den Wert der Scheine und Münzen. Euro = €   Cent = ct

5 €   10 €   20 €

5 €   10 €   20 €

1 ct   2 ct   5 ct

10 ct   20 ct

1 €   2 €

„Das sind 5 Euro."

6   Geld   Scheine und Münzen kennen lernen

Vorder- und Rückseiten zuordnen

- Verbinde passende Vorder- und Rückseiten der Münzen.

Geld *Scheine und Münzen kennen lernen*

Geldwerte auszählen

- Zähle das Geld.

5 Euro

8 Euro

6 Euro

5 Euro

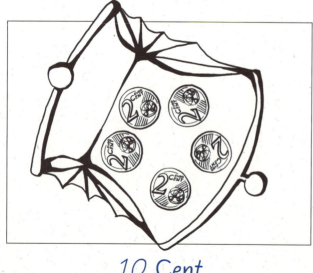
10 Cent

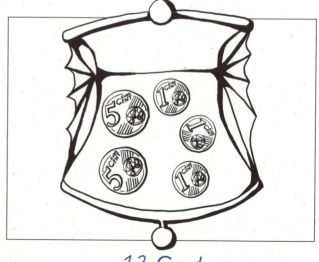
13 Cent

8 Geld *Mit Geldbeträgen umgehen*

Geldwerte berechnen

- Lege mit Spielgeld und berechne in jeder Reihe, wie viel Geld ausgegeben wird.

10€	5€	2€	1€	Betrag in Euro
	1	2	1	10 Euro
1		2	1	15 Euro
	2	1	1	13 Euro
	1	3	1	12 Euro

10€	5€	2€	1€	10c	5c	2c	1c	Betrag in Euro und Cent
		1	1	1	1	1	1	8 Euro 8 Cent
1	1	1	1	1	1			18 Euro 15 Cent
1				3	1	3	1	13 Euro 17 Cent

10c	5c	2c	1c	Betrag in Cent
0	1	1	1	8 Cent
1		2	2	16 Cent
	3	1	1	18 Cent
1	1	1	1	18 Cent

Das sind zusammen 10 Euro.

Gesamtpreis zeichnen und berechnen

- Zeichne, wie du bezahlst.
- Trage den Gesamtpreis ein.

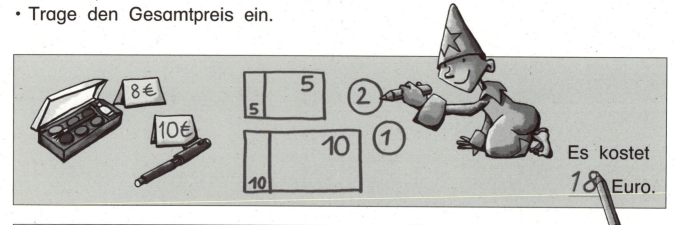

Es kostet 18 Euro.

 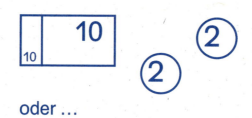

oder ...

Es kostet 14 Euro.

 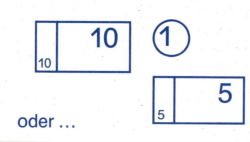

oder ...

Es kostet 16 Euro.

 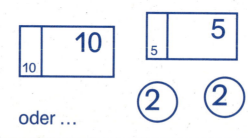

oder ...

Es kostet 19 Euro.

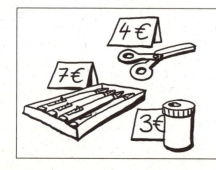 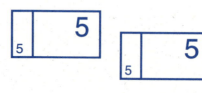

oder ...

Es kostet 14 Euro.

10   Geld   *Mit Geldbeträgen umgehen*

Gesamtpreis berechnen

• Berechne, was es kostet.

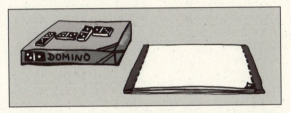

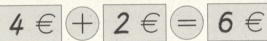
4 € + 2 € = 6 €

9 € + 10 € = 19 €

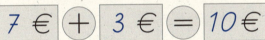
7 € + 3 € = 10 €

6 € + 12 € = 18 €

Das kostet:

Ich kaufe das Auto und den Rucksack. — 15 €

Ich kaufe den Kasper und das Boot. — 16 €

Ich kaufe das Dominospiel, den Affen und das Buch. — 20 €

Ich kaufe das Auto und den Stift.

Das kostet 4 € und 2 €, also zusammen 6 €.

Geld Mit Geldbeträgen umgehen

Kaufpreis mit Geld darstellen

• Klebe Papiergeld auf oder zeichne, wie du bezahlen kannst.

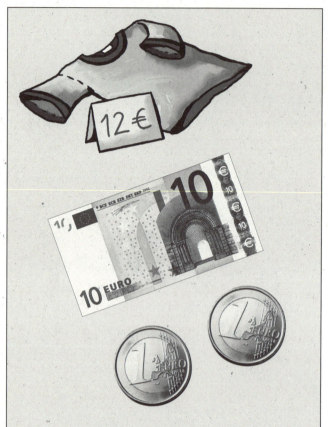

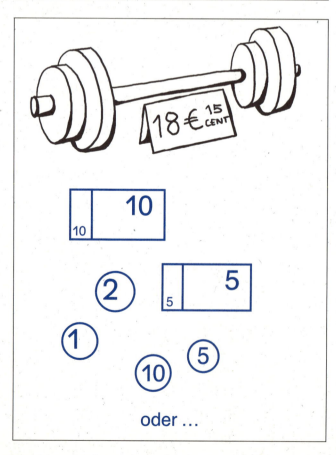

12 Geld *Mit Geldbeträgen umgehen*

Geldbeträge unterschiedlich darstellen

• Zeichne immer 3 Möglichkeiten, wie es im Sparschwein aussehen kann.

Paul hat 12 Euro.

Susi hat 17 Euro.

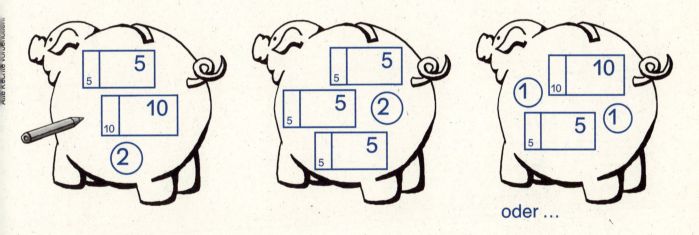

oder …

Andreas hat 15 Euro und 20 Cent.

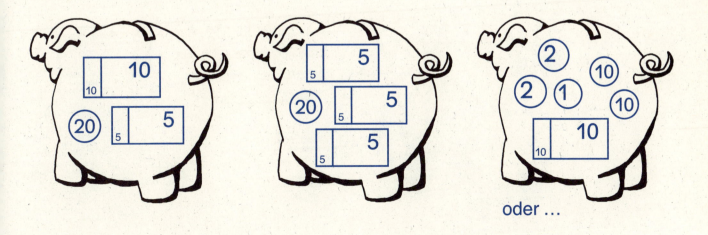

oder …

Geld *Mit Geldbeträgen umgehen*

Geldbeträge unterschiedlich zusammenstellen

- Lege den Betrag mit Spielgeld auf unterschiedliche Art.
- Trage 3 Möglichkeiten in die Tabelle ein.

	10€	5€	2€	1€	50ct	20ct	10ct	5ct
18 €	1	1	1	1	–	–	–	–
	–	3	1	1	–	–	–	–
	1	1	–	3	–	–	–	–
12 €	1	–	1	–	–	–	–	–
	–	–	6	–	–	–	–	–
	1	–	–	2	–	–	–	–
2 € 50 ct	–	–	–	1	–	1	–	–
	–	–	–	2	–	2	1	–
	–	–	–	–	5	–	–	–
8 € 20 ct	–	1	1	1	–	1	–	–
	–	–	4	–	–	–	2	–
	–	1	–	3	–	–	–	4

Ich habe für 18 € schon 6 Möglichkeiten gefunden. Und du?

Restgeld ermitteln

- Streiche die Scheine und Münzen durch, mit denen du bezahlen musst.
- Zähle, wie viel Geld noch übrig ist.

Es bleiben __5__ Euro übrig.

Es bleiben __7__ Euro übrig.

oder …

Es bleiben __14__ Euro übrig.

oder …

Es bleiben __14__ Euro übrig.

oder …

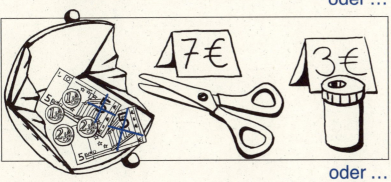

Es bleiben __6__ Euro übrig.

oder …

Geld *Mit Geldbeträgen umgehen*

Kaufpreis und Restgeld berechnen

- Fülle die Tabelle aus.

 7 Euro

 3 Euro

 6 Euro

Ich habe:	Ich kaufe:	Kaufpreis:	Restgeld:
10 €	Schneekugel, Schneekugel	6 €	4 €
15 €	Dino, Nilpferd	13 €	2 €
10 €	Nilpferd, Schneekugel	10 €	0 €
15 €	Dino, Dino	12 €	3 €
20 €	Schneekugel, Dino	9 €	11 €
17 €	Nilpferd, Schneekugel	10 €	7 €
20 €	Dino, Dino, Nilpferd	19 €	1 €
20 €	Nilpferd, Dino, Nilpferd	20 €	0 €
15 €	Schneekugel, Schneekugel, Dino	12 €	3 €
18 €	Dino, Dino, Dino	18 €	0 €
19 €	Nilpferd, Dino, Dino	19 €	0 €

16 Geld *Mit Geldbeträgen umgehen*

Rückgeld kennen lernen

- Berechne das Rückgeld.

gegeben: 20 €
zurück: 5 €

gegeben: 10 €
zurück: 2 €

gegeben: 15 €
zurück: 1 €

gegeben: 15 €
zurück: 3 €

gegeben: 20 €
zurück: 10 €

gegeben: 20 €
zurück: 9 €

gegeben: 10 €
zurück: 0 €

gegeben: 5 €
zurück: 2 €

15 € musst du mir geben.

Du musst mir dann 5 € zurückgeben.

Geld *Mit Geldbeträgen umgehen* 17

Rückgeld berechnen

- Berechne das Rückgeld.
- Schreibe die Rechenaufgabe dazu.

20 € − 6 € = 14 €

zurück: 14 €

15 € − 13 € = 2 €

zurück: 2 €

20 € − 17 € = 3 €

zurück: 3 €

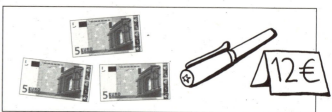

15 € − 12 € = 3 €

zurück: 3 €

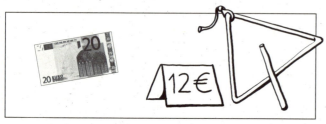

20 € − 12 € = 8 €

zurück: 8 €

15 € − 11 € = 4 €

zurück: 4 €

20 € − 14 € = 6 €

zurück: 6 €

20 € − 18 € = 2 €

zurück: 2 €

Einkaufsgeschichten erfinden

- Suche dir ein anderes Kind.
- Erzählt euch Rechengeschichten und löst sie.

Geld *Mit Geldbeträgen umgehen*

Rechengeschichten lösen und selbst schreiben

- Schreibe die Rechnung und die Antwort auf.

  Andreas kauft eine Armbanduhr, eine Tüte Bonbons und ein Spiel. Wie viel muss er bezahlen?

  Rechnung: 6 € + 2 € + 12 € = 20 €

  Antwort: Er muss 20 € bezahlen.

- Schreibe selbst eine Rechengeschichte mit Rechnung und Antwort.

Geld *Mit Geldbeträgen umgehen*

Uhrzeiten im Tageslauf kennen lernen – erste Tageshälfte

- Lies die Uhrzeiten ab und trage sie ein.

Zeit *Uhrzeiten mit ganzen Stunden*

Uhrzeiten im Tageslauf kennen lernen – zweite Tageshälfte

• Lies die Uhrzeiten ab und trage sie ein.

22 Zeit *Uhrzeiten mit ganzen Stunden*

Beide Uhrzeiten ablesen

- Lies jeweils beide Uhrzeiten ab und schreibe sie auf.

| 8 Uhr | 2 Uhr | 11 Uhr | 6 Uhr |
| 20 Uhr | 14 Uhr | 23 Uhr | 18 Uhr |

| 4 Uhr | 9 Uhr | 1 Uhr | 3 Uhr |
| 16 Uhr | 21 Uhr | 13 Uhr | 15 Uhr |

| 7 Uhr | 5 Uhr |
| 19 Uhr | 17 Uhr |

2 Uhr nachts oder 14 Uhr nachmittags.

| 10 Uhr | 12 Uhr |
| 22 Uhr | 24 Uhr |

Zeit Uhrzeiten mit ganzen Stunden

Uhrzeiten passend zur Tageszeit ablesen

• Lies die Uhrzeiten ab und schreibe sie auf.

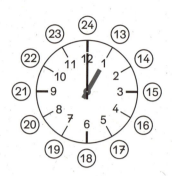

 Morgen — *6 Uhr*

 Vormittag — *9 Uhr*

 Mittag — *12 Uhr*

 Nachmittag — *15 Uhr*

 Abend — *18 Uhr*

Nacht — *21 Uhr*

 Nacht — *1 Uhr*   Nachmittag — *15 Uhr*

 Mittag — *13 Uhr*   Morgen — *7 Uhr*

 Morgen — *8 Uhr*   Vormittag — *11 Uhr*

 Abend — *20 Uhr*

 Nacht — *3 Uhr*

 Abend — *19 Uhr*

 Nachmittag — *16 Uhr*

Ich gehe ins Bett.

Es ist 20 Uhr.

24 Zeit *Uhrzeiten mit ganzen Stunden*

Passende Uhrzeiten und Tätigkeiten bestimmen

- Überlege, zu welcher Tageshälfte die Tätigkeit passt.
- Schreibe die Uhrzeit auf.

21 Uhr   16 Uhr

14 Uhr   19 Uhr

10 Uhr   8 Uhr

- Überlege, zu welcher Tageszeit die angegebene Uhrzeit gehört.
- Male ein passendes Bild.

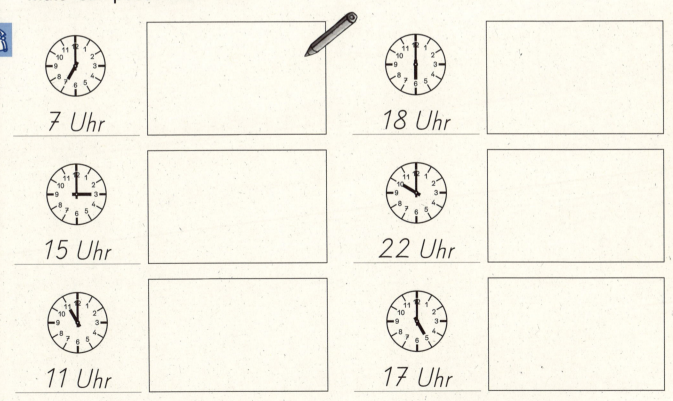

7 Uhr   18 Uhr

15 Uhr   22 Uhr

11 Uhr   17 Uhr

Zeit Uhrzeiten mit ganzen Stunden

Zeigerstellungen einzeichnen – erste Tageshälfte

- Zeichne die Zeiger ein.

7 Uhr

2 Uhr

10 Uhr

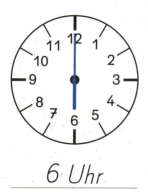
6 Uhr

4 Uhr

8 Uhr

11 Uhr

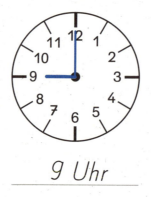
9 Uhr

1 Uhr

12 Uhr

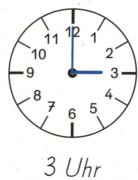
3 Uhr

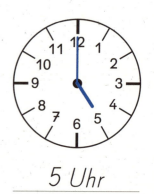
5 Uhr

Zeit Uhrzeiten mit ganzen Stunden

Zeigerstellungen einzeichnen – zweite Tageshälfte

- Zeichne die Zeiger ein.

15 Uhr

20 Uhr

16 Uhr

13 Uhr

19 Uhr

21 Uhr

22 Uhr

18 Uhr

14 Uhr

23 Uhr

24 Uhr

17 Uhr

Zeit Uhrzeiten mit ganzen Stunden 27

Unterschiede bei ähnlichen Figuren erkennen

- Erzähle einem anderen Kind, was du entdeckst.

28 Symmetrie *Symmetrische Figuren kennen lernen*

Symmetrie kennen lernen

- Zeichne die Halbierungslinie ein.

Solche Figuren heißen symmetrische Figuren. Die Halbierungslinie heißt Symmetrieachse.

zwei gleiche Teile

Symmetrie *Symmetrische Figuren kennen lernen* 29

Symmetrische Figuren finden

Es gibt viele symmetrische Figuren in deiner Umgebung.

- Suche weitere symmetrische Figuren in Zeitschriften, Katalogen und in deiner Umgebung.
- Zeichne oder schneide sie aus. Klebe sie auf.

Klecksbilder herstellen

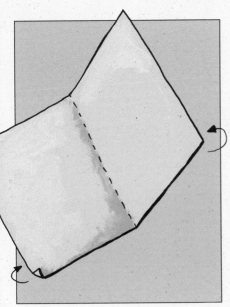

- Nimm dir ein Blatt Papier und falte es in der Mitte.
- Stelle mit deinen Wasserfarben solche Klecksbilder her.

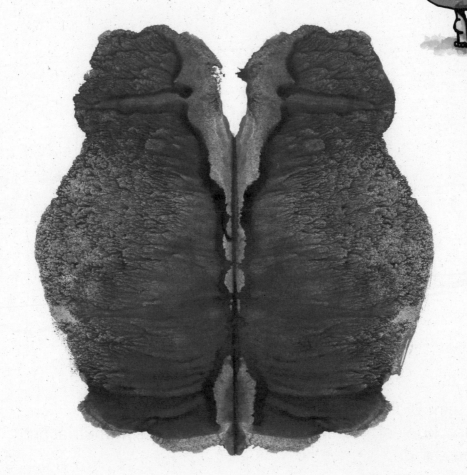

Symmetrie   *Symmetrische Figuren herstellen*   31

Falten und ausschneiden

- Nimm dir ein Blatt Papier und falte es in der Mitte.
- Durch Ausschneiden kannst du verschiedene symmetrische Figuren herstellen.
- Klebe die Figuren auf.

Symmetrie   *Symmetrische Figuren herstellen*

Besondere Figuren und Schmuckkarten herstellen

- Stelle durch Falten und Ausschneiden diese symmetrischen Figuren her.

- Gestalte Schmuckkarten.

Symmetrie *Symmetrische Figuren herstellen*

Lochbilder gestalten

- Nimm ein kleines Blatt Papier und falte es in der Mitte.
- Mit Hilfe einer Nadel und einer weichen Unterlage kannst du symmetrische Figuren herstellen.

Symmetrie *Symmetrische Figuren herstellen*

Auf kariertem Papier Figuren ergänzen

- Zeichne die Figuren so weiter, dass sie symmetrisch werden.
- Male sie so aus, dass sie symmetrisch bleiben.

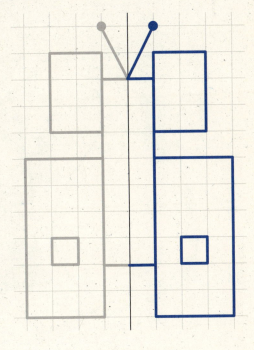

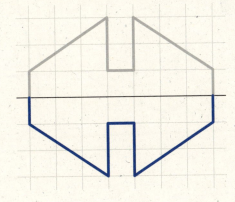

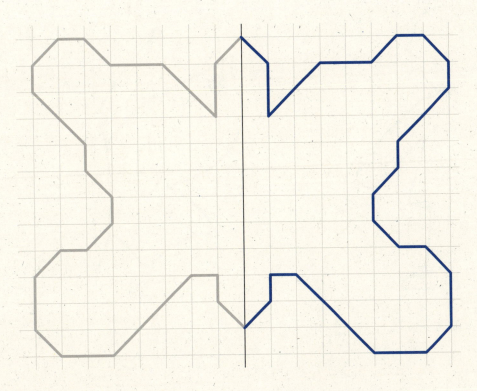

Symmetrie *Symmetrische Figuren herstellen*

Durch freies Zeichnen ergänzen

- Zeichne die Figuren so weiter, dass sie symmetrisch werden.

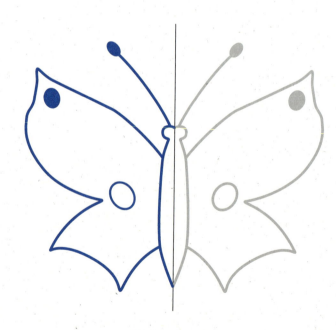

Symmetrie *Symmetrische Figuren herstellen*

Figuren symmetrisch machen

- Ergänze beide Seiten so, dass die Gesamtfigur symmetrisch wird.

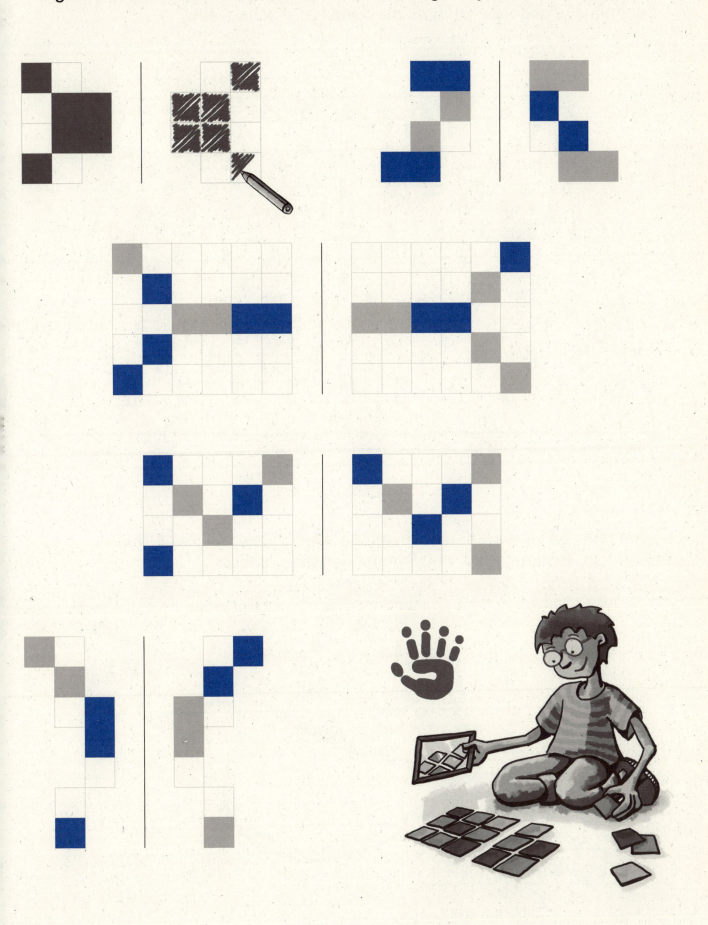

Symmetrie · *Symmetrische Figuren herstellen*

Mit Gummiband und Seilen gestalten

- Gestalte auf dem Geobrett mit einem Gummi eine symmetrische Figur.
- Spanne ein anderes Gummi als Symmetrieachse ein.

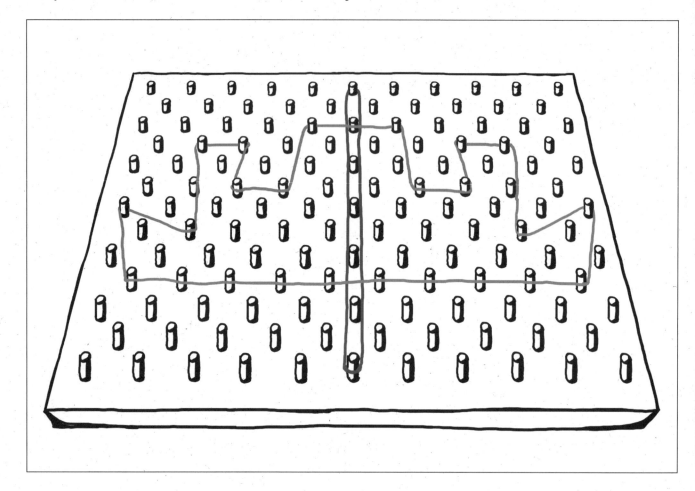

- Lege mit 2 Hüpfseilen eine symmetrische Figur auf dem Boden.
- Lege ein weiteres Seil als Symmetrieachse dazu.

Symmetrie *Symmetrische Figuren herstellen*

Zu zweit malen

- Suche dir ein anderes Kind.
- Zeichne auf einer Seite durch Ausmalen von Kästchen eine Figur.
- Dein Partner malt gleichzeitig die andere Hälfte aus, so dass die Figur symmetrisch wird.

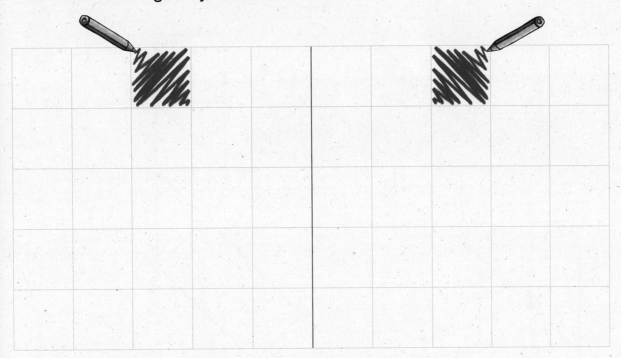

- Malt zusammen andere symmetrische Figuren.

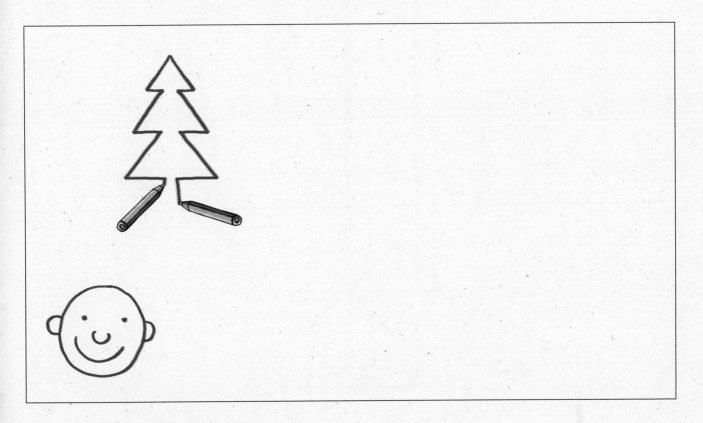

Symmetrie *Symmetrische Figuren herstellen*

Mit Formenplättchen legen

- Lege die andere Seite der Figur mit den Formenplättchen so, dass die Gesamtfigur symmetrisch wird.
- Umfahre die Formenplättchen mit einem Stift.
- Male die Figur so aus, dass sie symmetrisch bleibt.

40 Symmetrie *Symmetrische Figuren herstellen*

Durch Falten prüfen

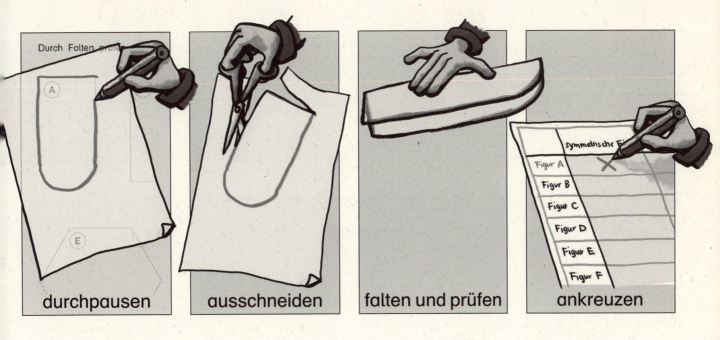

| durchpausen | ausschneiden | falten und prüfen | ankreuzen |

- Zeichne die Figuren von der Seite 42 auf ein Blatt (durchpausen) und schneide sie aus.
- Stelle durch Falten fest, welche Figuren symmetrisch sind.
- Kreuze in der Tabelle an.

	symmetrische Figur	keine symmetrische Figur
Figur A	X	
Figur B	X	
Figur C		X
Figur D	X	
Figur E	X	
Figur F		X
Figur G	X	
Figur H	X	
Figur I	X	

Symmetrie *Symmetrie überprüfen*

Durch Falten prüfen

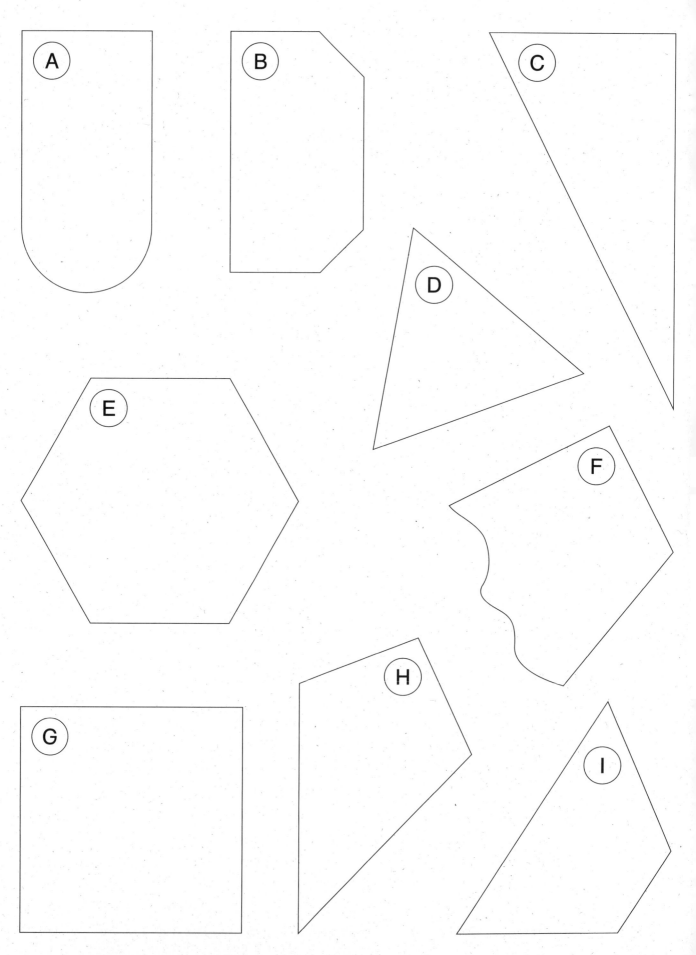

42 Symmetrie *Symmetrie überprüfen*

Mit dem Auge und dem Spiegel prüfen

- Kreise alle Figuren ein, die symmetrisch sind.
- Überprüfe deine Vermutungen mit einem Spiegel.

Symmetrie *Symmetrie überprüfen* 43

Mit dem Spiegel prüfen

- Streiche alle Figuren durch, die nicht symmetrisch sind.
  Tipp: Ein Spiegel kann dir beim genauen Überprüfen helfen.
- Kreise die Stellen ein, die die Symmetrie stören.

44 Symmetrie *Symmetrie überprüfen*